首都圏版⑳ 注目の新校！どこよりも早い入試対策問題集！

東京農業大学稲花小学校

JN035369

2021年度版 過去・対策問題集

<問題集の効果的な使い方>

①お子さまの学習を始める前に、まずは保護者の方が「入試問題」の傾向や難しさを確認・把握します。その際、すべての「学習のポイント」にも目を通しましょう。
②入試に必要なさまざまな分野学習を先に行い、基礎学力を養ってください。
③学力の定着が窺えたら「過去問題」にチャレンジ!
④お子さまの得意・苦手が分かったら、さらに分野学習をすすめレベルアップを図りましょう!

必ずおさえたい問題集

東京農業大学稲花小学校

お話の記憶	お話の記憶 中級編・上級編
言語	Ｊｒ・ウォッチャー60「言葉の音（おん）」
推理	Ｊｒ・ウォッチャー57「置き換え」
推理	Ｊｒ・ウォッチャー15「比較」、58「比較②」
常識	Ｊｒ・ウォッチャー27「理科」、55「理科②」

全40問

昨年度実施の過去問題 ＋ 傾向にあわせた類似問題 を収録!!

日本学習図書 ニチガク

ニチガク式学習支援!!

日本学習図書（ニチガク）

こんなこと…ありませんか？

メールでお悩み解決します！

- ☆ ホームページ内の専用フォームで必要事項を入力！
- ☆ 教え方に困っているニチガクの問題を教えてください！
- ☆ 確認終了後、具体的な指導方法をメールでご返信！
- ☆ 全国どこでも！ スマホでも！ ぜひご活用ください！

＜質問回答例＞

アドバイス

推理分野の学習では、後の学習に活きる思考力を養うことができます。ご家庭で指導する場合にも、テクニックにたよらず、保護者の方が先に基本的な考え方を理解した上で、お子さまによく考えさせることを大切にして指導してください。

Q.「お子さまによく考えさせることを大切にして指導してください」と学習のポイントにありますが、考える習慣をつけさせるためには、具体的にどのようにしたらいいですか？

A. お子さまが考える時間を持てるように、質問の仕方と、タイミングに工夫をしてみてください。
たとえば、「答えはあっているけど、どうやってその答えを見つけたの」「答えは○○なんだけど、どうしてだと思う？」という感じです。
はじめのうちは、「必ず30秒考えてから手を動かす」などのルールを決める方法もおすすめです。

まずは、ホームページへアクセスしてください!!

https://www.nichigaku.jp　日本学習図書　検索

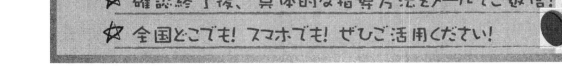

目指せ！合格！ 家庭学習ガイド
東京農業大学稲花小学校

入試情報

応 募 者 数：男子 529 名　女子 396 名
出 題 形 態：ペーパーテスト・ノンペーパーテスト
面　　　接：保護者・志願者
出 題 領 域：ペーパー（推理・常識・言語・数量・図形・記憶）、行動観察、運動

入試対策

開校して２度めの入試では、前期３回・後期２回の試験（前年は後期３回）で、初年度より 60 名多い、925 名の応募がありました。これは、都内屈指の 12.8 倍の高倍率になります。前・後期を併願するかどうかによって優劣がつけられることはありません。
当日の試験は、５日間の全日程とも８時 30 分集合・９時 30 分集合・10 時 30 分集合・12 時 30 分集合・13 時 30 分集合・12 時 30 分集合の、１時間刻みの時間帯に振り分けられます。各グループの定員は、22 名～ 25 名です。グループの振り分けは月齢順ですが、合否の判定は月齢を考慮せず行われます。
なお 2020 年度試験は、前後期から希望の日を選択できましたが、2021 年入試（2020 年実施予定）は 11 月１日が日曜日となり、キリスト教系小学校と併願する受験者が集中することが予想されます。場合によっては希望の日に受験できない可能性があります。ペーパーテストでは、それぞれの問題に例題による説明があります。

- ●出願時に、1,000 字程度の作文が課されています。保護者の教育に対する考え方を観るためのものなので、しっかりと時間をかけて書くようにしてください。
- ●面接では、基本的な質問のほかに、親子で本を読む課題もありました。この課題では、日常の親子関係や、それぞれの素の姿が観られます。ふだんの生活についても、１度見直しておくとよいでしょう。
- ●ペーパーテストの筆記用具は、鉛筆（B）が用意されました。訂正には×ではなく二重斜線を使うように指示があったようです。

必要とされる力　ベスト６

チャートで早わかり！

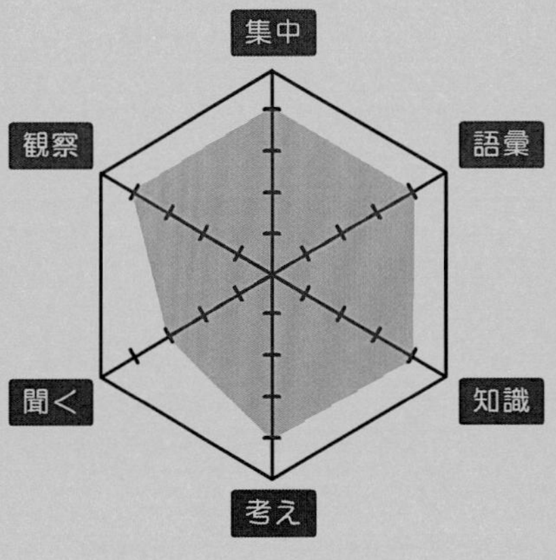

特に求められた力を集計し、左図にまとめました。
下図は各アイコンの説明です。

	アイコンの説明
集中	集　中　力…他のことに惑わされず１つのことに注意を向けて取り組む力
観察	観　察　力…２つのものの違いや詳細な部分に気付く力
聞く	聞　く　力…複雑な指示や長いお話を理解する力
考え	考える力…「～だから～だ」という思考ができる力
話す	話　す　力…自分の意志を伝え、人の意図を理解する力
語彙	語　彙　力…年齢相応の言葉を知っている力
創造	創　造　力…表現する力
公衆	公衆道徳…公衆場面におけるマナー、生活知識
知識	知　　　識…動植物、季節、一般常識の知識
協調	協　調　性…集団行動の中で、積極的かつ他人を思いやって行動する力

※各「力」の詳しい学習方法などは、ホームページに掲載してありますのでご覧ください。http://www.nichigaku.jp

「東京農業大学稲花小学校」について

〈合格のためのアドバイス〉

　東京農業大学は、農学・生命科学分野に特化した全国でも数少ない大学であり、自然や食、地球環境など、幅広いテーマを教育・研究領域としています。東京農業大学稲花小学校は、この教育資源を活用した初等教育の実現をめざし、2019の年4月に開校しました。59年ぶりの東京都の私立小学校の設立認可、という話題性だけでなく、1日に7授業時数を設けることや、毎日英語の授業があること、また体験型の学習プログラムを豊富に設けることなど、独自のカリキュラムでも注目を集めていました。初年度の志願倍率は12倍、翌年2020年度入試は、更に高倍率の12.9倍と、一躍人気校として認知されています。

　ペーパーテストでは、しっかりとした基礎力が必要です。知識分野は、多くのことに好奇心を持ち、体験を通した知識として身につけてください。また、図形や推理の分野では、図形や絵を見て特徴をすばやくつかめるよう、観察力を養うよう心がけましょう。指示や設問を正確に把握する集中力は、全分野において必須です。問題練習と生活体験を連携させ、実践力として伸ばしましょう。本書掲載の問題で傾向をつかみ、学習のポイントを参考にして家庭学習を行ってください。

　行動観察や運動では、指示通りの行動を、周囲のことも考えて行えるか、ということがポイントです。また面接では、質問に答えるだけでなく、絵本を見ながら親子で対話することも課題となっています。学校が観たいのは、ご家庭やお子さまの「ふだんの姿」です。小学校入試にあたって、形だけを整えるのではなく、日常生活そのものを捉えなおす機会とすることが、試験対策にも直結します。

〈2020年度選考〉

- ◆保護者・志願者面接
- ◆ペーパーテスト
- ◆行動観察・運動

◇過去の応募状況

2020年度	男子529名	女子396名
2019年度	男子472名	女子393名

入試のチェックポイント

◇受験番号は…「月齢順」

◇生まれ月による出題内容の差なし

東京農業大学稲花小学校
過去・対策問題集

〈はじめに〉

現在、少子化が叫ばれているにもかかわらず、私立・国立小学校の入学試験には一定の応募者があります。入試は、ただやみくもに学習するだけでは成果を得ることはできません。志望校の過去における出題傾向を研究・把握した上で、練習を進めていくこと、その上で試験までに志願者の不得意分野を克服していくことが必須条件です。そこで、本問題集は小学校を受験される方々に、志望校の出題傾向をより詳しく知って頂くために、過去に遡り出題頻度の高い問題を結集いたしました。最新のデータを含む精選された過去問題集で実力をお付けください。

志望校の選択には弊社の「2021年度版　首都圏・東日本　国立・私立小学校　進学のてびき」（5月下旬発行）を参考になさってください。

〈本書ご使用方法〉

◆出題者は出題前に一度問題を通読し、出題内容などを把握した上で、〈 準 備 〉の欄に表記してあるものを用意してから始めてください。

◆お子さまに絵の頁を渡し、出題者が問題文を読む形式で出題してください。問題を読んだ後で、絵の頁を渡す問題もありますのでご注意ください。

◆「分野」は、問題の分野を表しています。弊社の問題集の分野に対応していますので、復習の際の目安にお役立てください。

◆問題番号右端のアイコンは、各問題に必要な力を表しています。詳しくは、アドバイス頁（ピンク色の１枚目下部）をご覧ください。

◆一部の描画や工作、常識等の問題については、解答が省略されているものがあります。お子さまの答えが成り立つか、出題者が各自でご判断ください。

◆〈 時 間 〉につきましては、目安とお考えください。

◆解答右端の［○年度］は、問題の出題年度です。［2020年度］は、「2019年の秋から冬にかけて行われた2020年度入学志望者向けの考査で出題された問題」という意味です。

◆学習のポイントは、指導の際にご参考にしてください。

◆【おすすめ問題集】は各問題の基礎力養成や実力アップにご使用ください。

〈本書ご使用にあたっての注意点〉

◆文中に **この問題の絵は縦に使用してください。** と記載してある問題の絵は縦にしてお使いください。

◆〈 準 備 〉の欄で、クーピーペンと表記してある場合は12色程度のものを、画用紙と表記してある場合は白い画用紙をご用意ください。

◆文中に **この問題の絵はありません。** と記載してある問題には絵の頁がありませんので、ご注意ください。なお、問題の絵の右上にある番号が連番でなくても、中央下の頁番号が連番の場合は落丁ではありません。

下記一覧表の●が付いている問題は絵がありません。

問題１	問題２	問題３	問題４	問題５	問題６	問題７	問題８	問題９	問題10
						●	●	●	●
問題11	問題12	問題13	問題14	問題15	問題16	問題17	問題18	問題19	問題20
問題21	問題22	問題23	問題24	問題25	問題26	問題27	問題28	問題29	問題30
問題31	問題32	問題33	問題34	問題35	問題36	問題37	問題38	問題39	問題40

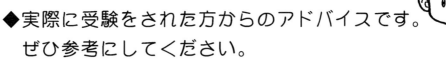

(得) 先輩ママたちの声！

◆実際に受験をされた方からのアドバイスです。
ぜひ参考にしてください。

東京農業大学稲花小学校

・説明会に参加しました。説明会では、理念や方針についての熱意が伝わってきました。また、初年度の児童の評判を聞いて志望されるご家庭も多い、とのことで、学校側も自信を持っているようでした。

・アフタースクールが充実していること、共働きかどうかは選考で問わないことなど、働く母親のことが考えられていると感じました。

・のびのびと授業をしている様子を見ることができました。

・理科テラスをはじめ、さまざまな植物が植えられた素晴らしい環境でした

・１年生から７時間授業があること、毎日英語の授業があること、毎日英語と国語の宿題が出されることなど、入学後の努力が必要な印象でした。

・家庭で学習のフォローをたくさんしているか、自然や生き物に興味があるかなど、面接と願書で家庭の教育力を観られていた気がします。また親子でていねいな会話を心がけるとよい、と思いました。

・控室で待つ際に、お子さまが静かに待つことができるようなものを持参した方がよいと思います。

・日ごろから、お子さまの興味を中心に、季節の行事や体験を家族でたくさん共有されるとよいと思います。

・テーマ作文は重要です。しっかり書いて、提出後はコピーをとって面接で答えられるようにしたほうがよいです。

東京農業大学稲花小学校
過去・対策問題集

〈はじめに〉

現在、少子化が叫ばれているにもかかわらず、私立・国立小学校の入学試験には一定の応募者があります。入試は、ただやみくもに学習するだけでは成果を得ることはできません。志望校の過去における出題傾向を研究・把握した上で、練習を進めていくこと、その上で試験までに志願者の不得意分野を克服していくことが必須条件です。そこで、本問題集は小学校を受験される方々に、志望校の出題傾向をより詳しく知って頂くために、過去に遡り出題頻度の高い問題を結集いたしました。最新のデータを含む精選された過去問題集で実力をお付けください。

志望校の選択には弊社の「2021年度版　首都圏・東日本　国立・私立小学校　進学のてびき」（5月下旬発行）を参考になさってください。

〈本書ご使用方法〉

◆出題者は出題前に一度問題を通読し、出題内容などを把握した上で、〈 準　備 〉の欄に表記してあるものを用意してから始めてください。
◆お子さまに絵の頁を渡し、出題者が問題文を読む形式で出題してください。問題を読んだ後で、絵の頁を渡す問題もありますのでご注意ください。
◆「分野」は、問題の分野を表しています。弊社の問題集の分野に対応していますので、復習の際の目安にお役立てください。
◆問題番号右端のアイコンは、各問題に必要な力を表しています。詳しくは、アドバイス頁（ピンク色の１枚目下部）をご覧ください。
◆一部の描画や工作、常識等の問題については、解答が省略されているものがあります。お子さまの答えが成り立つか、出題者が各自でご判断ください。
◆〈 時　間 〉につきましては、目安とお考えください。
◆解答右端の［○年度］は、問題の出題年度です。［2020年度］は、「2019年の秋から冬にかけて行われた2020年度入学志望者向けの考査で出題された問題」という意味です。
◆学習のポイントは、指導の際にご参考にしてください。
◆【おすすめ問題集】は各問題の基礎力養成や実力アップにご使用ください。

〈本書ご使用にあたっての注意点〉

◆文中に **この問題の絵は縦に使用してください。** と記載してある問題の絵は縦にしてお使いください。
◆〈 準　備 〉の欄で、クーピーペンと表記してある場合は12色程度のものを、画用紙と表記してある場合は白い画用紙をご用意ください。
◆文中に **この問題の絵はありません。** と記載してある問題には絵の頁がありませんので、ご注意ください。なお、問題の絵の右上にある番号が連番でなくても、中央下の頁番号が連番の場合は落丁ではありません。

下記一覧表の●が付いている問題は絵がありません。

問題１	問題２	問題３	問題４	問題５	問題６	問題７	問題８	問題９	問題10
						●	●	●	●
問題11	問題12	問題13	問題14	問題15	問題16	問題17	問題18	問題19	問題20
問題21	問題22	問題23	問題24	問題25	問題26	問題27	問題28	問題29	問題30
問題31	問題32	問題33	問題34	問題35	問題36	問題37	問題38	問題39	問題40

(得) 先輩ママたちの声！

◆実際に受験をされた方からのアドバイスです。
ぜひ参考にしてください。

東京農業大学稲花小学校

・説明会に参加しました。説明会では、理念や方針についての熱意が伝わってきました。また、初年度の児童の評判を聞いて志望されるご家庭も多い、とのことで、学校側も自信を持っているようでした。

・アフタースクールが充実していること、共働きかどうかは選考で問わないことなど、働く母親のことが考えられていると感じました。

・のびのびと授業をしている様子を見ることができました。

・理科テラスをはじめ、さまざまな植物が植えられた素晴らしい環境でした

・１年生から７時間授業があること、毎日英語の授業があること、毎日英語と国語の宿題が出されることなど、入学後の努力が必要な印象でした。

・家庭で学習のフォローをたくさんしているか、自然や生き物に興味があるかなど、面接と願書で家庭の教育力を観られていた気がします。また親子でていねいな会話を心がけるとよい、と思いました。

・控室で待つ際に、お子さまが静かに待つことができるようなものを持参した方がよいと思います。

・日ごろから、お子さまの興味を中心に、季節の行事や体験を家族でたくさん共有されるとよいと思います。

・テーマ作文は重要です。しっかり書いて、提出後はコピーをとって面接で答えられるようにしたほうがよいです。

◎学習効果を上げるため、前掲の「家庭学習ガイド」及び「合格のためのアドバイス」をお読みになり、各校が実施する入試の出題傾向を、よく把握した上で問題に取り組んでください。
※冒頭の「本書ご使用方法」「ご使用にあたっての注意点」も併せてご覧ください。

〈東京農業大学稲花小学校〉

2020年度の最新問題

問題１　分野：お話の記憶　　聞く　集中

〈準　備〉　鉛筆

〈問　題〉　お話をよく聞いて、後の質問に答えてください。
今日は土曜日、サツマイモ掘りに行く日です。かずやくんは、朝からおにぎりを作ってくれたお母さんに「行ってきます」と言って、集合場所の公園に向かいました。途中の道端に、コスモスが咲いていました。公園に着くと、先に着いていた、まきさんとあきらくんが「おはよう」と、手を振っていました。かずやくんも「おはよう」と、あいさつをしました。しばらくして「ごめんごめん、おそくなっちゃった」と、えりかさんがあわてて公園にかけこんできました。これで全員がそろいました。かずやくんたちは、あきらくんのお母さんに連れられて、２人ずつ手をつないで歩きました。しばらく歩くと畑に着きました。畑はあきらくんのおじいさんの家にあります。みんなで、おじいさんに声をかけて、あいさつをしました。おじいさんが切ってくれたツルのまわりを、スコップで、ていねいに掘っていきます。「見つけた」まきさんが、はじめにサツマイモを堀り出しました。紫色のサツマイモです。次に「ぼくも」と、あきらくんがサツマイモを掘りだしました。しばらくして、えりかさんも掘り出しまし、かずやくんだけが、なかなかサツマイモを見つけることができませんでした。がんばって土を掘っていると、太いツルを見つけました。思いっきりひっぱると、急に力が抜けて、ひっくりかえってしまいました。目を明けると、青い空にトンボが横切るのが見えました。「すごいすごい」とみんなが言っているので、あわてて起き上がると、かずやくんの持っていたツルに、大きなサツマイモがありました。掘ったサツマイモの大きさをくらべてみると、いちばん大きいのが、かずやくんの掘ったサツマイモ、その次がまきさん、３番目がえりかさん、いちばん小さいのは、あきらくんの掘ったサツマイモでした。お昼になったので、みんなで輪になって、お昼ごはんを食べました。まきさんはサンドイッチ、あきらくんは卵焼きとウインナーの入ったおべんとう、えりかさんは、かずやくんと同じでした。お昼ごはんを食べ終わって帰る時に、あきらくんのおじいさんは「しばらくおいておくと美味しくなるよ」と、自分たちのとったサツマイモを包んでリュックに入れてくれました。それから「これも、ここでとれたんだよ」と、ブドウの入った袋をくれました。かずやくんはおばあさんのことを思い出して、これを明日おみやげに持っていってあげようと思いました。

①サツマイモ堀りに行った人は何人ですか。人数分だけ○を書いてください。
②かずやくんの後から公園に来た人数は何人ですか。人数分だけ○を書いてください。
③公園に向かう途中にあった花は、どの花ですか。選んで○をつけてください。
④このお話と同じ季節のものは、どれですか。選んで○をつけてください。
⑤えりかさんのお昼ごはんは、何でしたか。選んで○をつけてください。
⑥かずやくんが畑で見たのは、何でしたか。選んで○をつけてください。
⑦まきさんの掘ったサツマイモは、何番目に大きかったでしょう。その数だけ○をつけてください。
⑧かずやくんがおばあさんに持っていってあげようと思ったのは何ですか。絵の中から選んで○をつけてください。

〈時 間〉　各10秒

〈解 答〉　①○：5　②○：1　③右端
④左から2番目（ナシ）、右から2番目（ブドウ）
⑤左から2番目　⑥左端（トンボ）　⑦○：2
⑧右端（ブドウ）

［2020年度出題］

学習のポイント

当校のお話の記憶の問題は、昨年にひきつづき1,000字程度の、やや長めのものでした。また設問数も8問と多くになっています。出題形式は、録音したお話をスピーカーから再生して答えるというものです。お話にかかる時間は約4分間。聞き取りやすいスピードですが、再生されるのは1回だけなので、聞き逃さないようにしなければなりません。昨年は海外の女の子が主人公のお話でしたが、外国人名は受験生に馴染みがない、との理由で、今年は日本人名のお話になりました。気を付けるべきポイントは「誰が、何をした」ということを、しっかりとらえることです。複数の登場人物を整理して考えられるようにしましょう。また、直接は言われていない物事を類推することも必要です。本問⑤では、えりかさんのお昼ごはんについて「かずやくんと同じ」とされており、冒頭のかずやくんの「おにぎりを作ってくれた」と結びつけて答えることが求められています。ものの順番については「次に」「それから」といった指示語をしっかり聞き取って、「2番目は、3番目は……」と考えられるようにしてください。本問では⑦の、まきさんの掘ったサツマイモの大きさの順が「次に」と言われているので、かずやくんに次いで2番目だ、と考えます。チェックしていただきたいのは、問1のサツマイモ掘りに行った人数です。イモ掘りをしたのは4人ですが、子どもたちを連れていったあきらくんのお母さんがいます。ここをしっかり聞き取れているか、チェックしてください。

【おすすめ問題集】

1話5分の読み聞かせお話集①②、お話の記憶 初級編・中級編・上級編、
Jr・ウォッチャー19「お話の記憶」

問題2　分野：言語（同音探し）

知識　考え

〈準備〉　鉛筆

〈問題〉　左にあるものの、次に言う順番の音と、同じ音を持つものの絵をさがして○をつけましょう。

①１番上の段の左に描いてあるものの、４番目の音と、同じ音を持つものを選びましょう。
②上から２番目の段の左に描いてあるものの、最初の音と、同じ音を持つものを選びましょう。
③下から２番目の段の左に描いてあるものの、３番目の音と、同じ音を持つものを選びましょう。
④１番下の段の左に描いてあるものの、３番目の音と、同じ音を持つものを選びましょう。

〈時間〉　各15秒

〈解答〉　下図参照

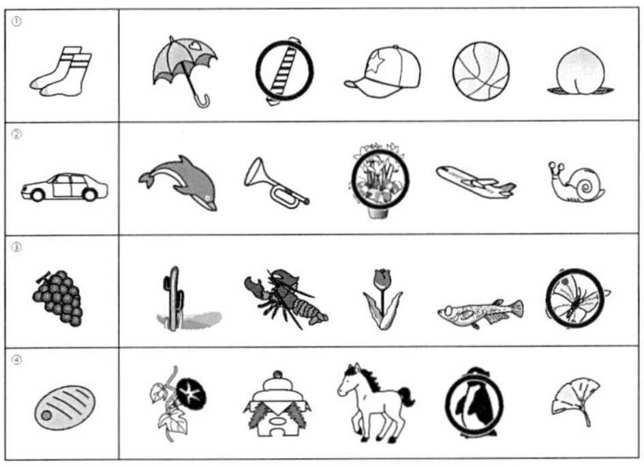

［2020年度出題］

学習のポイント

お手本として示されたイラストの指示された順番の音と、同じ音を含む絵を選択する問題です（例:「くつした」の４番目の“た”→選択肢から“タ”を含むイラストを選ぶ)。文字を使って考えられる大人と違い、音だけで言葉を認識する子どもにとっては難しい問題です。このような、言葉の音を問う問題の対策としては、ふだんから、言葉遊びなどを通じて、音の数や順番についての意識付けを行っておく必要があります。また、「サ・ボ・テ・ン」のように音節を切って、手を叩きながら発音すると、お子さまにも言葉の音数が理解しやすいようです。本文の「シクラメン」や「サボテン」「湯たんぽ」に出てくる「ン」（撥音）は１音として数えます。また本問で直接は問われていませんが、「チューリップ」に含まれる「ー」（長音）や「ラッパ」に含まれる「ッ」（促音）も、１音としてかぞえます。また「チョウチョ」などに含まれる「ゃ」「ゅ」「ょ」（拗音）は、１音にはかぞえず、その前の音とあわせて１音に数えます（「チョ・ウ・チョ」は３音)。また「湯たんぽ」がないご家庭も多いことでしょう。当校では、身近にはないものや行事が出題されることもあります。日常的に疑問を持たせたり、「これ、何だか知ってる？」のような問いかけをするよう心がけてください。

【おすすめ問題集】

Ｊｒ・ウォッチャー17「言葉の音遊び」、18「いろいろな言葉」、60「言葉の音（おん）」

問題3　分野：推理（置き換え）

観察　考え

〈準 備〉　鉛筆

〈問 題〉　絵の１番上にある、くだものと数字を見てください。くだものに、リンゴは１、バナナは２、ナシは３、イチゴは４、スイカは５、という数字がその横に書いてあります。上のマスにあるくだものの絵を、その数字におきかえて、下のマスに書き写してください。

〈時 間〉　４分

〈解 答〉　下図参照

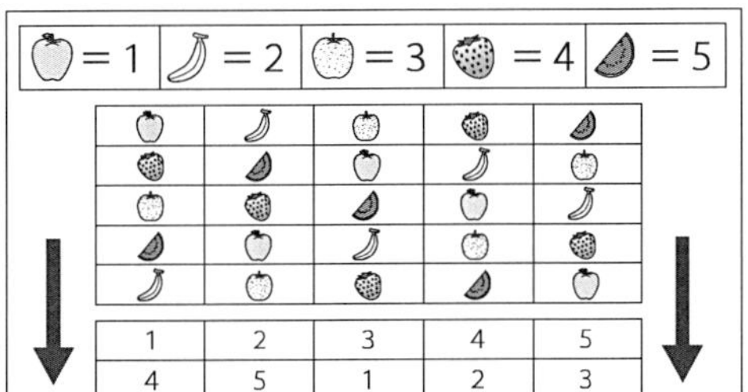

1	2	3	4	5
4	5	1	2	3
3	4	5	1	2
5	1	2	3	4
2	3	4	5	1

［2020年度出題］

学習のポイント

置き換えの問題です。数字が使われていますが、使われ方は○△□といった記号と変わりはないので、特別に意識する必要はありません。「リンゴが１、バナナが２…」と覚えてから表に対応する数字を単純に書いていきましょう。この問題が解けないとすれば、「リンゴを１に置き換える」という考え方が自体がわからないということですから、類題を解いてその考え方を学んでおいてください。特別難しいものではありません。なお、数字や文字を使っての出題は2020年度入試のからのものですが、本問のようにその使われ方は限定的なものです。本格的に理解する必要はないので、年齢相応に理解しておきましょう。弊社発行の問題集（Ｊｒ・ウォッチャー26「文字・数字」）などを解けば、充分に対応できるはずです。

【おすすめ問題集】
Ｊｒ・ウォッチャー26「文字・数字」、６「系列」、31「推理思考」、
57「置き換え」

家庭学習のコツ①　「先輩ママのアドバイス」を読みましょう！

本書冒頭の「先輩ママのアドバイス」には、実際に試験を経験された方の貴重なお話が掲載されています。対策学習への取り組み方だけでなく、試験場の雰囲気や会場での過ごし方、お子さまの健康管理、家庭学習の方法など、さまざまなことがらについてのアドバイスもあります。先輩ママの体験談、アドバイスに学び、ステップアップを図りましょう！

問題4　分野：推理（水の量）

観察　考え

〈準備〉　鉛筆

〈問題〉　容器には水が入っています。それぞれの段の中で、水の量が２番目に少ないものを選んで○をつけてください。

〈時間〉　各 30秒

〈解答〉　下図参照

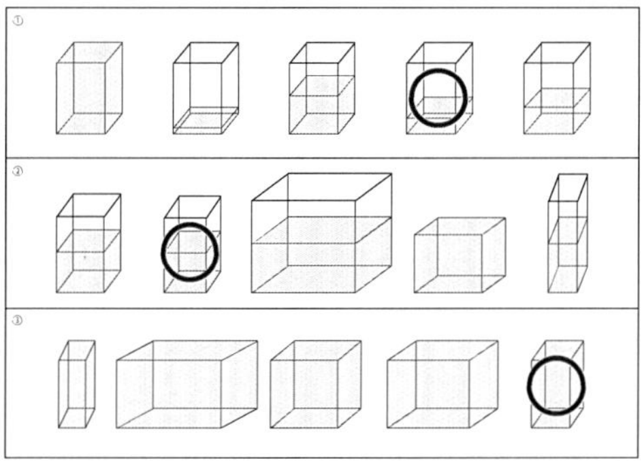

［2020年度出題］

学習のポイント

水の量に関する問題です。ここでは、推理・推測の実体験について問われています。本問では、水の量が１番多い容器や１番少ない容器ではなく、「２番目に少ない容器」を答えるため、すべての容器の水の量を把握できていなければなりません。１番上の問題では、同じ大きさの容器で水位だけが違うので、水位が２番目に低い右から２番目が正解です。真ん中の問題では、水位はあまり変わりませんが、容器の底面積が異なりますので、底面積が２番目に小さい左から２番目を正解とします。下の問題では、容器いっぱいに水が入っています。これも、底面積の大きさをもとに考えれば、解答を導けます。大人であれば、底面積×水位＝容積が水の量、という理屈を知っていますが、子どもの場合は、そのような知識はありません。まずは実体験として、容器の大きさによって入る水の量が違うことを理解させましょう。その後、同じ容器でも水の量によって水位が変わることや、容器の形は違っても注がれている水の量は同じ、といった体験もさせてください。

【おすすめ問題集】

Ｊｒ・ウォッチャー14「数える」、15「比較」、58「比較②」

家庭学習のコツ②　「家庭学習ガイド」はママの味方！

問題演習を始める前に、試験の概要をまとめた「家庭学習ガイド（本書カラーページに掲載）」を読みましょう。「家庭学習ガイド」には、応募者数や試験課目の詳細のほか、学習を進める上で重要な情報が掲載されています。それらの情報で入試の傾向をつかみ、学習の方針を立ててから、対策学習を始めてください。

問題5　分野：図形（模写・点図形）

観察　集中

〈準　備〉　鉛筆

〈問　題〉　上の絵と同じように下に描き写してください。

〈時　間〉　各　１分

〈解　答〉　省略

［2020年度出題］

学習のポイント

模写の問題です。点の数も多いので、複雑な絵だと感じるかもしれません。斜めの直線も多くあり、これを書くにはコツが必要です。しっかり書くためには、線の始点と終点を把握することが必要です。点図形が苦手な子どもの多くは、形にとらわれてしまい、１つひとつの直線や点を把握することに意識が向かわない傾向があります。最初から同じ図形を書こうとするのではなく、点と点を結び、最終的に見本と同じになる、というプロセスを意識させましょう。対応する点については、学習当初はお手本を見ながら１つひとつ探していっても構いません。ある程度学習が進んだら「次の点は、右に３つ進んで、上に２つ進む」というように、線分の両端の関係を把握できるようにします。模写の問題には、図形の認識能力のあるなしと同時に、鉛筆でうまく線を引けるか、という観点もあります。お子さまにとって、今後長い期間において必須の能力ですから、大切に指導してあげてください。

【おすすめ問題集】

Ｊｒ・ウォッチャー１「点・線図形」、、２「座標」51「運筆①」、52「運筆②」

問題6　分野：常識（理科）

知識　観察

〈準　備〉　鉛筆

〈問　題〉　上の図のように、木になるものを下からすべて選び、○をつけてください

〈時　間〉　30秒

〈解　答〉　下図参照

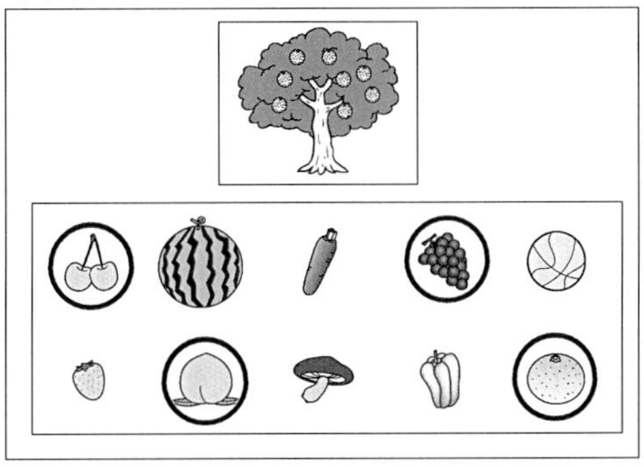

［2020年度出題］

学習のポイント

木になる食べものを答える問題で、知識と生活体験が問われています。食や自然についての学習を重視する当校では、野菜やくだものについて、特に多く出題されるようです。生活常識の問題では、日常生活でお子さまが身近なものに興味や関心を抱いているか、また、保護者の方々がその疑問について答えているか、ということも大切になってきます。ふだん目にする野菜やくだものについて、どの時期に、どんな場所でとれるのかなどについて会話することを心がけてください。本問の場合、１つずつの選択肢はそれほど難しいものではありませんが、複数回答であることに注意が必要です。この問題に限ったことではありませんが、左上のサクランボだけを選んでおしまい、というのではなく、選択肢すべてに目を通してから解答する習慣をつけておきましょう。当校では本問だけでなく、複数回答のある問題が多く出題されています。これは、問題に答えるだけでなく、しっかり指示を聞いているかどうかも観られているからです。わかっている問題でも、答え方を間違ってしまえば間違いです。お子さまが早とちりしないよう、保護者の方々は、お子さまの答える様子にも注意してください。

【おすすめ問題集】
Ｊｒ・ウォッチャー11「いろいろな仲間」、27「理科」、55「理科②」

問題7　分野：行動観察（運動）

観察　考え

〈準 備〉　特になし

〈問 題〉　**この問題の絵はありません。**
・準備運動：先生のしたとおりに体を動かしてください。
・バランス：片足立ちをしてください（１分間）。
・クマ歩き：両手両足を動かして、ゆっくりクマ歩きをしてください。

〈解 答〉　省 略

［2020年度出題］

学習のポイント

この問題では、指示どおりの行動が行えているかどうかが重視されます。各回20～25名の受験生で行われ、指示者が１名、観察者３名の体制で実施されます。準備運動では、指示者の言ったとおり、指示通りの動作ができているかどうか、言われたとおりの振る舞いができているかが観られます。年齢相応の身体能力があれば減点されることはありません。逆に余計な動作をしたり、隣の受験生の動きが違うことを指摘したり、もっとできることをアピールしたり、といった行動は、大きな減点になります。そんなことは指示していないからです。クマ歩きでは、両手両足をつかって、ゆっくり歩くよう指示されましたが、速く歩いてしまう子どもも多かったそうです。これも指示を守っていないということで、よい評価は得られないということになるでしょう。なお、バランスを取る運動では、身体の使い方、例えば片足で１分間立つことは、体幹のバランスを観るためのものです。運動能力を測るためのものではありません。

【おすすめ問題集】
Ｊｒ・ウォッチャー28「運動」、29「行動観察」、「新 運動テスト問題集」

問題8　分野：行動観察（グループ活動）

観察　考え

〈準備〉　新聞紙、ボール、フラフープ

〈問題〉　**この問題の絵はありません。**

・グループづくり
　近くのお友だちと２人のグループを作ってください。
　６人のグループを作ってください。
　10人のグループを作ってください。
　５人のグループを作ってください。

・（新聞紙とボールを配る）
　新聞紙を広げて、ボールを三角コーンのところまで運ぶ競争をしてください。
　スタートの時は合図をしますから、それまでグループで相談してください。

・自由遊び
　グループごとに、遊び道具を1つずつ配りますから、自由に遊んでください。

〈解答〉　省略

［2020年度出題］

学習のポイント

グループ作りでは、ほかの受験生と気兼ねなくペアを組んだりグループになれるかということ、つまり集団行動ができるかということが、観点になっています。本問では、６人から10人へとグループを組みなおす時、それまでのグループから離れなければならないというシチュエーションも生まれます。そこで戸惑ったりすると、集団行動が苦手という印象を与えるかもしれません。新聞紙でボールを運ぶ競争では、お手本をよく見て集中すること、みんなで相談して尊重すること、役割分担を決めて協力すること、決められたルールで互いに配慮すること、競争するために努力すること、の５つを観点としています。５人だと、４人が新聞紙の四隅を持つと１人が余ります。この１人の役割について考えることが重要です。自由遊びでは、グループの友だち５人で遊ぶことができるか、遊ぶ内容を相談して決めることができるか、道具を譲り合ったり交換したりすることができるか、５人で動くことを意識して遊ぶことができるか、という４つの観点が評価対象です。ここでも、利己的な態度をとらないことが重要です。ふだんから、お子さまが遊ぶ様子をよく観てください。

【おすすめ問題集】

Ｊｒ・ウォッチャー28「運動」、Ｊｒ・ウォッチャー29「行動観察」

家庭学習のコツ③　効果的な学習方法～問題集を通読する

過去問題集を始めるにあたり、いきなり問題に取り組んではいませんか？　それでは本書を有効活用しているとは言えません。まず、保護者の方が、すべてを一通り読み、当校の傾向、ポイント、問題のアドバイスを頭に入れてください。そうすることにより、保護者の方の指導力がアップします。また、日常生活のさまざまなことから、保護者の方自身が「作問」することができるようになっていきます。

問題9　分野：保護者作文

考え

〈準備〉　特になし

〈問題〉　**この問題の絵はありません。**

テーマ「親として子どもに伝えたいこと」（1,000字～1,100字）

・東京農業大学稲花小学校が求める子ども及び保護者像を理解の上、具体例を挙げながらご家庭の考えをお書きください。

・各家庭の毎日の生活において、保護者として子どもに何を伝えようとしているのか、具体例を示しながら記述してください。

〈解答〉　省略

［2020年度出題］

学習のポイント

ウェブ出願での出願とは別に、事前に郵送する作文です。この場合、学校側から求められていることを、すべて満たすことが重要です。まず、家庭の教育観について書くことが求められています。ここでは当校の求める子ども像と保護者像とを熟読して、必ず具体例を挙げなければなりません。例えば、当校が体験を通じた探究を重視していることをふまえ、家庭でどんな体験をして、どんなことを教えているかを書く、などです。また入学後に当校に求めることについても、志望動機として書いておくとよいでしょう。次に求められている、保護者として伝えようとしていることについても、具体例が必要です。「〇〇を通して△△を伝えたい」ということや、「□□の時には◇◇できるように育ってほしい」ということを、しっかり書くようにしてください。文字数に著しく満たなかった場合、志望の意欲が低いとみなされる場合もあります。なお、自筆で書いたから加点される、ということはなく、パソコンのワープロソフトの出力原稿でも構いません。昨年度は、90％以上がワープロ原稿でした。2021年度テーマ作文の課題は、出願の要項とともに、2020年9月中旬頃より小学校ホームページにて公開されます。

【おすすめ問題集】

新・小学校受験　願書・アンケート　文例集500

問題10　分野：面接

話す　聞く

〈準備〉　絵本

〈問題〉　**この問題の絵はありません。**

【親子課題】

絵本『ごはん』（平野恵理子著・福音館書店）を渡され「どのようにされても構いませんので、お子さんと一緒に楽しんでください」と指示される。面接官は、親子で会話をしている様子を観察した後、志願者に質問をする。

【保護者へ】

・志望動機をお聞かせください。　※聞かれない保護者もあり。

・家庭の教育観についてお聞かせください。

・子どもと接する時に大切にしていることは何ですか。

・お子さんは家族の方と何をして遊びますか（志願者にも同じ質問をする）。

・新設校であり、上級生がいないことへの不安はありませんか。

・テーマ作文の内容から質問。

【志願者へ】
・名前と年齢、通っている園の名前を教えてください。
・仲のよいお友だちの名前を教えてください。
・家の人とどんなことをして遊びますか。
・どんな遊びが好きですか（答えた内容に対して「その遊びのどんなところが楽しいですか」）。
・どんな本が好きですか（答えた内容に対して「どんなところが好きですか」）。
・お父さんやお母さんにどんなときにほめられますか（答えた内容に対して「褒められると、どんな気持ちになりますか」）。
・将来は何になりたいですか（答えた内容に対して「どうして、それになりたいのですか」）。
・保護者のテーマ作文の内容から質問。

〈時間〉　10分程度

〈解答〉　省略

[2020年度出題]

学習のポイント

『ごはん』は、ストーリー仕立ての絵本ではなく、ページをめくるごとに、さまざまな「ご飯もの」の料理が、ずらっと並んでいる絵本です。「食」を大切にする当校らしいテーマ設定だと言えるでしょう。それらの料理の絵をみながら、家族でお話を広げていく様子を面接官が観察します。保護者と子どもが一緒に面接する際、保護者の方々が答えたあと、受験者にも同じ質問をする、ということがよくあります。ここでは、両者の質問に相違がないか、ということと同時に、子どもが保護者の顔色をみて答える様子がないかどうかも観られています。受験者への質問では、回答した内容について、さらに掘り下げる質問（それはなぜですかなど）をすることがあります。これは、はじめの回答そのものではなく、その理由や根拠を聞くことで、家庭での実体験を知ろうとしているのだと考えられます。日常生活でも、お子さまに「なぜ」「どうして」を問いかけ、自分の言葉で説明できるよう促してください。なお、当校の面接では、受験者と一緒に参加する保護者が１名か２名か、ということについては不問です。

【おすすめ問題集】
新・小学校受験の入試面接 Q&A

家庭学習のコツ④　効果的な学習方法～お子さまの今の実力を知る

１年分の問題を解き終えた後、「家庭学習ガイド」に掲載されているレーダーチャートを参考に、目標への到達度をはかってみましょう。また、あわせてお子さまの得意・不得意の見きわめも行ってください。苦手な分野の対策にあたっては、お子さまに無理をさせず、理解度に合わせて学習するとよいでしょう。

2019年度の問題

問題11　分野：お話の記憶

聞く　集中

〈準備〉　鉛筆

〈問題〉　お話をよく聞いて、後の質問に答えてください。

今日は日曜日。家族みんなでデパートに出かける日です。はやとくんはデパートへ出かけるのが楽しみで、朝はいつもより早く起きてしまいました。「お父さんはまだ起きないのかなあ」とはやとくんがお母さんと話しているところへ、弟のけんとくんと、お父さんが起きてきました。お父さんは「おはよう、今日は早起きだね」と言いながら、お出かけの準備を始めました。

準備ができたので、お父さんが運転する車でデパートに行きました。デパートに着くと、はじめに３階へ行ってお父さんのシャツを探しました。お父さんは縦縞のかっこいいシャツが気に入ったので、それを買いました。次にお母さんの好きなケーキを買うために、１階へ向かいました。途中の２階にあるおもちゃ売り場が見えた時、けんとくんが「おもちゃが見たいよ」と言いましたが、はやとくんが「お母さんのケーキが先だよ」と注意をして、みんなで１階へ向かいました。お母さんがおいしそうなケーキを選んでいると、はやとくんはけんとくんがいないことに気が付きました。お父さんとお母さんとはやとくんは、慌ててけんとくんを探しにいきました。はやとくんが「きっとおもちゃ売り場にいるよ」と言って、みんなで２階へ探しに行くと、けんとくんが、おもちゃの電車を眺めているのを見つけました。「あーよかった。お母さん、ケーキに夢中だったの。ごめんなさいね」と、安心したお母さんが言いました。お父さんが「それじゃあ、ケーキの前に、おもちゃを買おう」と言ったので、けんとくんとはやとくんは、１つずつおもちゃを選ぶことにしました。けんとくんは、さっき見ていた電車が気に入ったので、それを買ってもらいました。はやとくんはロボットが欲しかったのですが、ロボットの横にいた怪獣がかっこよかったので、それを選びました。「１階に戻って、お母さんのケーキを選んでから、おじいちゃんとおばあちゃんが待っている、４階のレストランへ行こう」と言いました。ケーキを買ってから４階のレストランへ行くと、おじいちゃんとおばあちゃんがみんなを待っていました。お父さんとお母さんはラーメンを頼みました。おじいちゃんとおばあちゃんはおそばです。けんとくんはハンバーグを選びました。どれもおいしそうなので、はやとくんはいろいろ迷いましたが、カレーライスに決めました。お昼ごはんを食べたあと、おじいちゃんにプレゼントする本を選んでから、お家に帰りました。

①お父さんが買ったシャツはどれですか。選んで○をつけてください。
②お母さんが買ったものはどれですか。選んで○をつけてください。
③けんとくんが迷子になった時、何を売っているお店にいましたか。選んで○をつけてください。
④レストランではやとくんたちを待っていたのは誰ですか。選んで○をつけてください。
⑤はやとくんがレストランで食べたものを選んで、○をつけてください。
⑥２階で、はやとくんが買ってもらったものを選んで、○をつけてください。
⑦２階で、けんとくんが買ってもらったものを選んで、○をつけてください。
⑧おじいちゃんにプレゼントしたものはどれですか。選んで○をつけてください。

〈時間〉　各10秒

〈解答〉　①右　②左　③真ん中　④左　⑤右　⑥真ん中　⑦左　⑧右

［2019年度出題］

学習のポイント

本校のお話の記憶の問題は、約1,000字と少し長目のお話で、７～８問程度の質問がされます。質問では、お話の内容に関するものと、細かい内容とがバランスよく聞かれています。長目のお話を最後まで集中して聞く力と、細かい部分を正確に聞き取る力が求められている難しい問題です。長目のお話は、お話を３つ程度の場面に分けて、それぞれの情景を頭に思い浮かべられるように練習をします。はじめは、１つの場面が終わるごとにお話を止めて、その場面に登場した人物とできごとを聞き取ります。簡単に「どこで、誰が、（何を）どうした」で充分です。慣れてきたら、お話を最後まで聞き取ってから、すべての場面に対して聞き取るようにするとよいでしょう。一方、細かい部分への聞き取りは、それぞれの登場人物とセットで覚えさせます。本問を例にすると、買った物について、「お父さんはシャツ」「お母さんはケーキ」というように考えます。お子さまが自然に聞き取れるように、お話の内容について質問する時の聞き方を工夫してみましょう。

【おすすめ問題集】

１話５分の読み聞かせお話集①②、１話７分の読み聞かせお話集入試実践編①、お話の記憶 初級編・中級編・上級編、Ｊｒ・ウォッチャー19「お話の記憶」

問題12 分野：数量（一対多の対応）

観察 考え

〈準 備〉 鉛筆

〈問 題〉 ビーズがいくつかあります。これらのビーズを、右上の絵のように３つずつまとめてひもでつなぎます。
①お手本と同じ形を、いくつ作ることができますか。その数だけ○を書いてください。ただし、ひもはたくさんありますので、足りなくなりません。
②この時、ビーズをいくつ使いましたか。その数だけ○を書いてください。

〈時 間〉 各15秒

〈解 答〉 ①○：３　②○：９

［2019年度出題］

学習のポイント

当校の数量分野の問題では、10～15程度の数を正確に数え、加減や分配などができる程度の力が求められています。あわせて、それらの数を指示通りに置き換えられる思考力も必要です。本問①では、いくつかのビーズを３個ごとにまとめてかぞえます。正確に数えるためには、左から順番に「１・２・３」と念押しするようにかぞえていくとよいでしょう。また、３個ごとに印をつけながら数える方法も、必要ならば使わせてください。②では、①でまとめた時のビーズの数を答えます。ビーズをもう１度数え直してもいいのですが、余ったビーズまで数えてしまうかもしれません。ビーズ３個が３セットあるという前問の結果を利用して答える方法に気が付くと、比較的簡単に答えられるでしょう。今のうちから計算をできるようになる必要はありませんが、正確に効率よく数えられるよう、簡単な計算や工夫は練習しておいてもよいでしょう。

【おすすめ問題集】

Ｊｒ・ウォッチャー14「数える」、42「一対多の対応」

問題13　分野：図形（回転図形）

観察　考え

〈準 備〉　鉛筆

〈問 題〉　はじめに練習をします。１番上の段を見てください。左側に描かれた形を、１回矢印の方向に回します。その時の形は右端のようになりますので、○をつけてください。それでは、問題を進めます。
①上から２番目の段を見てください。左側に描かれた形を、２回矢印の方向に回します。その時の形を選んで、○をつけてください。
②上から３番目の段を見てください。左側に描かれた形を、２回矢印の方向に回します。その時の形を選んで、○をつけてください。
③上から４番目の段を見てください。左側に描かれた形を、１回矢印の方向に回します。その時の形を選んで、○をつけてください。
④１番下の段を見てください。左側に描かれた形を、１回矢印の方向に回します。その時の形を選んで、○をつけてください。

〈時 間〉　各15秒

〈解 答〉　①右から２番目　②右端　③右端　④左から２番目

［2019年度出題］

学習のポイント

当校の図形分野では、図形の特徴をつかんで操作後の形をイメージする、図形の把握力を観点とする問題が出題されています。本問は、図形を指示通りに回転させた後の形を探す回転図形の問題です。絵の矢印では回転の方向だけを表し、動かした回数は口頭で伝える、という指示方法で、聞き取る力も観ている少し難易度の高い問題です。一方、問題のはじめに説明と練習問題が用意されているため、思い込みによる失敗は少なく、正答率は高かったのではないかと考えられます。回転図形の問題では、指示をしっかりと聞いて、図形の特徴的な部分が回転後にどこへ移動するのかを考えてから選択肢を見比べます。①の場合、右下の「△」に注目して、この形が２回右へ回した時、左上に移動することと、三角形の向きが逆になることを考えて選択肢の中から答えを選びます。このように、図形の中に三角形などの向きが変わる形が含まれている時は、その形に注目して、回転後の位置と向きを確認していくとよいでしょう。

【おすすめ問題集】
Ｊｒ・ウォッチャー５「回転・展開」、46「回転図形」
ウォッチャーズアレンジ問題集①－聞き取り力ＵＰ編－

問題14　分野：図形（鏡図形）

観察　思考

〈準 備〉　鉛筆

〈問 題〉　それぞれの段の１番左の絵を見てください。この絵が水面に映った時、どのように見えるでしょうか。正しいものを右から選んで、○をつけてください。

〈時 間〉　各15秒

〈解 答〉　①右から２番目　②左端　③右端　④左端

［2019年度出題］

学習のポイント

鏡図形の一種「水面に写った絵」の問題です。水面に写った絵は、左右は反転せずに、上下だけが反転します。問題の解き方は、図形の特徴的な部分に注目し、その部分の反転後の位置が正しいものを見つけ、その形を細部まで確認していきます。①の場合、傘の柄に注目するとわかりやすいでしょう。特徴的な部分を見つけられるようになるにはある程度の練習が必要ですが、まずは左右非対称な部分に注目するようにしてください。問題を解き終えた後に、どこに注目して問題を解いたのか聞き取るようにすると、意識付けもできて効率的です。

【おすすめ問題集】

Ｊｒ・ウォッチャー48「鏡図形」

問題15　分野：言語（しりとり）

知識　考え

〈準 備〉　鉛筆

〈問 題〉　左側の絵から右側の絵へ、しりとりをしながら進みます。それぞれの列の絵の中から、正しいものを選んで○をつけてください。

〈時 間〉　各30秒

〈解 答〉　下図参照

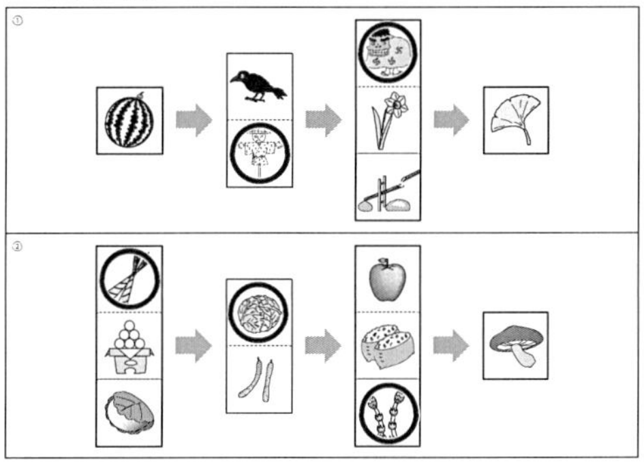

［2019年度出題］

学習のポイント

言語分野の問題では、年齢相応の語彙力と、言葉を音の集合として理解できているかが問われています。しりとりの問題では、日常でのしりとり遊びのように単に言葉を続ければいいのではなく、その先の言葉とつなげられる言葉を探さなくてはいけません。そのため、選択肢の中には、「カラス」と「カカシ」のように、同じ音で始まる言葉が並んでいます。当校のしりとりの問題では、こういった点に注意して言葉を選ぶことともに、豊富な語彙力も求められています。「ししおどし」や「ちまき」など、現代の生活では目に触れることの少ないものがあったときは、消去法で解答を見つけ出していきます。わからないものがあったときに対応できるように、複数の解き方を身に付けておきましょう。

【おすすめ問題集】

Ｊｒ・ウォッチャー18「いろいろな言葉」、49「しりとり」、
60「言葉の音（おん）」

問題16　分野：言語（言葉の音）　知識　集中

〈準 備〉　鉛筆

〈問 題〉　それぞれの段の１番左の絵を見てください。この絵の名前と、音の数が同じものを選んで、○をつけてください。

〈時 間〉　各15秒

〈解 答〉　①右から２番目　②左から２番目　③右端　④左端

［2019年度出題］

学習のポイント

本問は、言葉を音でとらえ、その音数をもとに答えを見つけます。前問と同様に、言葉を音の集合として理解できているかどうかが観点となっています。例えば、「ニンジン」を、「ニ・ン・ジ・ン」と４音でできている言葉だと判断することができれば、比較的簡単に解ける問題です。気を付けたいのは、例えば④の「アスパラガス」を「アスパラ」と略称で覚えてしまうことです。ふだんから一般的な名称を使うようにして、略称は使わないように気をつけてください。なお、このような問題では、まれに拗音や長音、促音が使われることがあります。これらの音数も母音の数で数えますので、「チューリップ」は「チュー・リッ・プ」と３音になります。

【おすすめ問題集】

Ｊｒ・ウォッチャー17「言葉の音遊び」、60「言葉の音（おん）」

問題17　分野：常識（理科）　知識　集中

〈準 備〉　鉛筆

〈問 題〉　左上の絵のような場所でよく見られる生き物を選んで、○をつけてください。

〈時 間〉　１分

〈解 答〉　下図参照

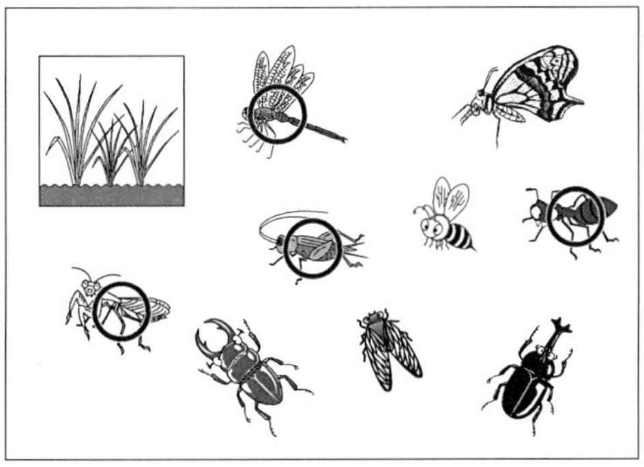

［2019年度出題］

学習のポイント

理科分野の常識問題です。生き物の特徴や生態について、幅広い知識を持っているかどうかが問われています。本問で扱われている虫がよく見られる場所は、草の生えているところ（トンボ・バッタ・カマキリ）、花の咲いているところ（チョウ・ハチ）、樹木のあるところ（カブトムシ・クワガタ・セミ）、土や地面（アリ）のように、大まかに分けられます。トンボはおもに空を飛んでいますが、草やイネなどの先に止まっていることも多く、アリはエサを求めてさまざまな場所を歩いています。生き物に関する知識を広げるには、問題集などで出てきたものを数多く覚え、図鑑や映像などで生態などの知識を学び、日常の体験からそれらを記憶する、というように、さまざまな学習方法を組み合わせることが効果的です。

【おすすめ問題集】

Ｊｒ・ウォッチャー27「理科」、55「理科②」

問題18　分野：常識（季節）

知識　観察

〈準備〉　鉛筆

〈問題〉　絵の中から、お正月に関係があるものを選んで、○をつけてください。

〈時間〉　１分

〈解答〉　下図参照

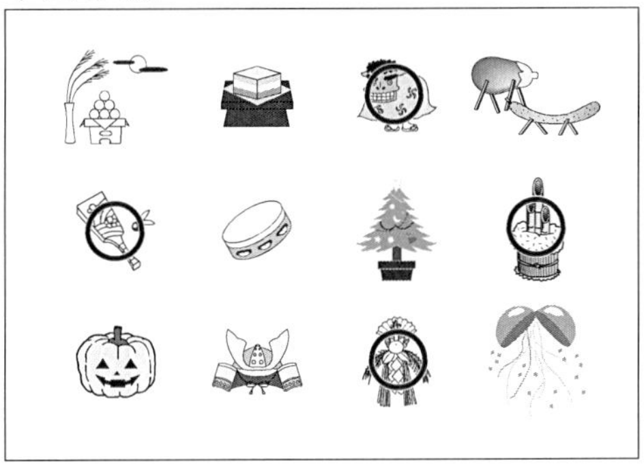

［2019年度出題］

学習のポイント

当校の常識問題では、小学校受験で一般的に扱われている知識よりも少し広く、一歩踏み込んだものが多く出題されます。本問の場合、お正月を冬の行事として分類できるかどうかだけでなく、お正月に見られるものをどれだけ知っているか、ということまで問われています。その点で、前問と同様、さまざまな学習の場で身に付けた知識を、上手く組み合わせられるようにする必要があります。方法としては、「口に出してみる」のが１番です。「春の行事」「夏と言ったら」など、特定のテーマで質問をして、スムーズに口に出せるように練習をしましょう。そのときに「もう少し詳しく」とか「あと１つ言おう」などの質問を加えることで、当校が求めるレベルの知識も口に出せるようになるでしょう。

【おすすめ問題集】

Ｊｒ・ウォッチャー11「いろいろな仲間」、34「季節」

問題19　分野：推理（系列）

観察　考え

〈準備〉　鉛筆

〈問題〉　あるお約束にしたがって、記号が並べられています。それぞれの空欄にあてはまる記号を書いてください。

〈時間〉　２分

〈解答〉　下図参照

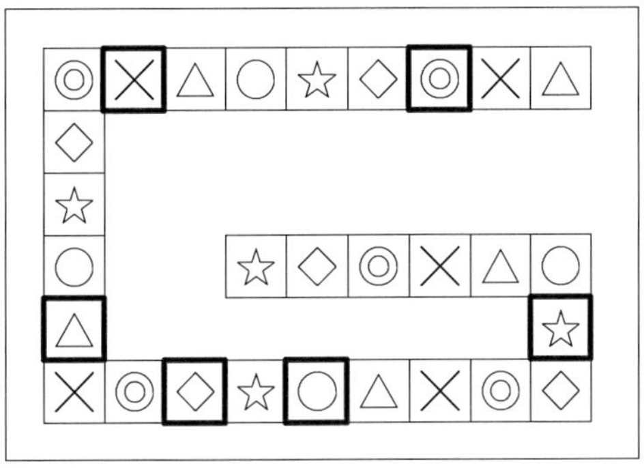

［2019年度出題］

学習のポイント

並べられた形の規則性を見つける系列の問題では、絵をよく見る観察力と、その特徴をつかんでお約束を見つける思考力とが観られています。本問は、６個の記号でお約束が作られている点が難しいところです。一方、記号が数多く並べられているためにヒントは見つけやすくなっています。上手に目を配ることができれば、比較的簡単に答えられます。系列のお約束を見つける時は、特定の形に注目し、その形が１回目・２回目に出ているところと比べます。例えば本問の場合、「△」に注目し、１回目と２回目に出ているところを見つけて、それぞれの「△」から１マスずつ先を見ていくと、「△・×・？・◇・☆・○」と「△・？・◎・◇・☆・○」という形が見つかります。すると、後ろの「◇・☆・○」の部分が同じことから、「△・×・◎・◇・☆・○」がお約束だということがわかります。お約束がわかったら、１つひとつ確認しながら空欄に記号を書きます。本問のように記号を繰り返すお約束については、確実に見つけられるように練習を繰り返すことが大切です。

【おすすめ問題集】

Ｊｒ・ウォッチャー６「系列」、31「推理思考」

問題20　分野：巧緻性（迷路）

観察　集中

〈準　備〉　鉛筆

〈問　題〉　迷路の問題です。左上の矢印からスタートして、右下の矢印まで迷路を進みます。壁にぶつからないように、ゴールまでの道に線を引いてください。

〈時　間〉　３分

〈解　答〉　下図参照

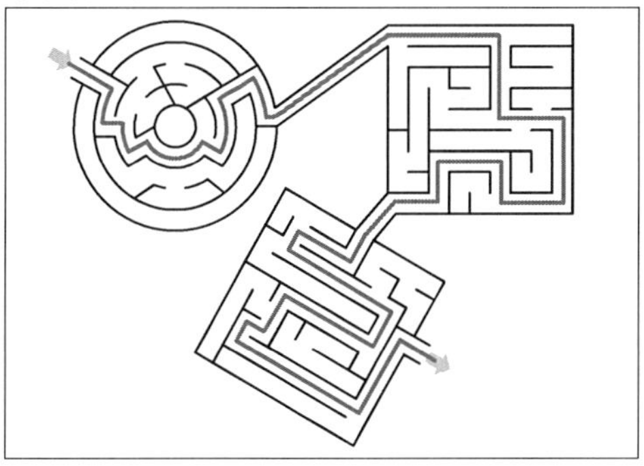

［2019年度出題］

学習のポイント

当校の巧緻性の問題では、迷路を使い、手先の器用さに加えて、観察する力や計画的に作業を進める力が観られています。複雑な迷路が３つ続き、道も細くて長いため、壁にぶつからずに進めることがとても難しくなっています。また、左から右へと迷路が進むため、右利きのお子さまにとっては、自分の手が道の先を遮ってしまい、考えながら進めることも難しくなっています。このような問題では、「見る・考える・描く」という３つの作業を分けて行うことが大切です。具体的には、左上の丸い迷路をよく見て、その部分の道筋を考えてから、右上の四角い迷路の手前まで、壁にぶつからないように集中して線を引きます。この工程を３つのブロックに分け、それぞれのエリアで繰り返し、ゴールまで進むとよいでしょう。この年齢のお子さまは「早く答えること」を「よくできている」と思い込みがちです。急ぐあまりに失敗をしないためにも、１つひとつ確実に進めたことを、しっかりと認めてあげてください。

【おすすめ問題集】

Ｊｒ・ウォッチャー７「迷路」、51「運筆①」、52「運筆②」

対策問題

問題21　分野：推理（置き換え）

集中　考え

〈準 備〉　鉛筆

〈問 題〉　（問題21の絵を渡して）
上の見本と同じロボットを作ります。下の材料でロボットはいくつできますか。右の四角にその数だけ○を書いてください。

〈時 間〉　各15秒

〈解 答〉　○：4

学習のポイント

置き換えの問題です。ここでは「5種類のロボットの部品」を「ロボット1体」に置き換えると考えます。ただ答えを出すだけなら、描いてある絵をロボット1体の材料ごとに○で囲めばすぐに答えは出ますが、ここでは答えの出し方よりも、考え方を学びましょう。簡単に言うと、置き換えは「わかりやすくすること」です。「（ロボットの）右手・左手、頭、胴体、足のセット」をまとめて、「ロボット1体」とわかりやすくしているのです。置き換えの時に、注意したいのはどのようにわかりやすくしたのか、つまり、置き換えの条件をよく把握しておくことです。ここで言えば、ロボット1体を組み立てる部品を把握してから置き換えないと、間違いにつながります。小学校受験ではそれほど複雑な置き換えは出題されませんから、繰り返せば理解できないということはありません。類題に多くあたって、考え方を覚えましょう。

【おすすめ問題集】
Ｊｒ・ウォッチャー57「置き換え」

問題22　分野：数量（一対多の対応）

考え　観察

〈準 備〉　鉛筆

〈問 題〉　上の段を見てください。ボール3個を箱に入れてから、2枚のシールでふたを留めます。真ん中の段のボールを箱に入れた時、箱とシールはそれぞれいくつ使いますか。下の段の四角に、その数だけ○を書いてください。

〈時 間〉　30秒

〈解 答〉　箱○：4　シール○：8

学習のポイント

言い換えれば、「3つのボール、1つの箱、2枚のシールを1つのセットとしてまとめなさい」という問題です。基本的な解き方は、1セットずつ作っていく方法です。はじめに箱に入れるために、ボールを3つずつかぞえていきます。ボールを3つかぞえるごとに、解答欄に必要な箱とシールの数だけ○を書くようにすると、数え間違いもなく解答がスムーズにできます。箱をすべてかぞえてからシールをかぞえても良いのですが、この場合ボールをもう1度数え直さなければいけないため、少し複雑になってしまいます。このような問題では、いきなり問題に取り組ませずに、お子さまと進め方を一緒に考えたり、進め方を説明してから取り組ませたりするとよいでしょう。進め方を理解できれば、実際の試験問題や応用問題にも充分対応できるようになります。

【おすすめ問題集】

Ｊｒ・ウォッチャー14「数える」、42「一対多の対応」

問題23　分野：お話の記憶

聞く　集中

〈準備〉　鉛筆

〈問題〉　お話をよく聞いて、後の質問に答えてください。

ある日の朝、リスくんは、ネズミくんとウサギさんと一緒に、森へ木の実を採りに出かけました。「ネズミくん、ウサギさんおはよう」リスくんは元気よくあいさつしました。「おはよう、今日はおいしい木の実が採れるといいね」ネズミくんは笑顔で言いました。「私は大きい木の実を採りたいな」ウサギさんもはりきっています。森の奥には、たくさんの木の実がなっていました。リスくんは「ぼくが木に登って、木の実を落とすね。ネズミくんとウサギさんは下で拾ってよ」といって木に登り、木の実を落としていきました。次に木の実を拾って運びます。リスくんは木の実を2個、ウサギさんは3個持ちました。でも、ネズミくんが困った顔をしています。「どうしたの」リスくんがたずねると、「木の実が重くて持ち上げられないんだ」とネズミくんが言いました。「それじゃあ木の実を、転がして運ぼうよ」とウサギさんが言いました。「うんしょ、よいしょ、重たいね」そう話しながらネズミくんが木の実を転がしていると、ゾウくんがやってきました。「みんな、そんなものも持てないのかい。僕が運ぶのを見ていてよ」とゾウくんは言いながら、鼻で木の実を7個拾ってしまいました。「僕が運ぶ木の実だから、僕の物だよね」ゾウくんはそう言って、7個の木の実を持って帰ってしまいました。お腹いっぱい木の実を食べたゾウくんは、眠ってしまいました。目を覚ますと、ゾウくんは昼間の森にいました。でも、あたりの木がいつもより高くなったようです。「なんか変だなあ、お腹もすいたなあ」そう言いながら、どんどん森の中を進んでいくと、大きな木の実が落ちていました。「ぼくの顔と同じくらいの大きさだ。そうか、僕が小さくなっちゃったのか」と言って木の実を拾おうとしましたが、重たくて持ち上げられません。ゾウくんは鼻で木の実を少しずつ押しながら、一生懸命に運びました。「ふう、重くて大変だな。ネズミくんは、きっと毎日こうやって木の実を運んでいるんだな」そう言って、ゾウくんは木の実を運びながら帰りました。しばらくして、ゾウくんがあたりを見ると、目の前に小さな木の実がありました。「よかった。もとの大きさに戻れたんだ。さっきは大変だったなあ。みんなに意地悪をしちゃった。あやまらなきゃ」そう言って、ゾウくんはネズミくんたちのいる森へ出かけました。「ごめんなさい」ゾウくんが謝ったので、ネズミくんはゾウくんを許してあげました。そして、みんなで仲良く遊びました。

①リスくんが運んだ木の実は何個でしたか、その数だけ○を書いてください。
②ウサギさん運んだ木の実は何個でしたか、その数だけ○を書いてください。
③木の実が重くて持てなかった動物に、○をつけてください。

④目を覚ましたゾウくんはどうなっていましたか。○をつけてください。
⑤絵をお話の順番に並べます。３番目の絵に○をつけてください。

〈時　間〉　各15秒

〈解　答〉　①○：２　②○：３　③左から２番目（ネズミ）　④左から２番目　⑤右端

学習のポイント

当校のお話の記憶の問題では、お話の流れに沿った質問だけでなく、流れに関係のない部分からの質問も多く出題されています。こうした質問に対応するには、お話の流れをつかんだ上で、登場人物の持ち物や服装など、質問されやすいことに注意しながらお話を聞くようにしましょう。本問の場合、「リスくんは木の実を２個採った」「ゾウさんは木の実を７個採って眠った」といったことです。もちろん、細かい部分を聞き取ることに集中しすぎて、お話の流れがつかめなくなってはいけません。慣れるまでは、場面が変わるところで１度お話を止めて、保護者の方がそこまでの内容から質問をしながら、必要なことを偏りなく聞き取れているかどうかを確認していくとよいでしょう。当校のお話の記憶は約1,000字と長いのが特徴です。そのため、毎日の読み聞かせは欠かすことができません。

【おすすめ問題集】
１話５分の読み聞かせお話集①・②、１話７分の読み聞かせお話集 入試実践編①
お話の記憶 初級編・中級編・上級編、Ｊｒ・ウォッチャー19「お話の記憶」

問題24　分野：推理（比較）

考え　観察

〈準　備〉　鉛筆

〈問　題〉　砂糖を目盛りの付いたコップの中に入れて溶かします。
①１番上の段を見てください。１番甘くなるのはどのコップですか。選んで○をつけてください。
②真ん中の段を見てください。１番甘くなるのはどのコップですか。選んで○をつけてください。
③１番下の段を見てください。１番甘くないのはどのコップですか。選んで○をつけてください。

〈時　間〉　各30秒

〈解　答〉　①○：右端　②○：真ん中　③○：左端

学習のポイント

濃さを比べるための方法が見つけにくい、発展的な問題です。コップを２つずつ選んで、それぞれの濃さを比べていく必要があります。②では、真ん中のコップには、水１目盛に砂糖が４個入っています。右から２番目のコップには、水２目盛に砂糖が６個、つまり、水１目盛に砂糖が３個入っていることになります。ほかのコップは、この２つのコップよりも水が多いので、真ん中のコップが１番甘いとわかります。③では、左端のコップを基準にして、ほかのコップと比べます。左端のコップでは、水１目盛に砂糖が２個入っています。ほかの４つのコップに対しては、水１目盛につき砂糖を２個ずつ入れていくと考えます。その時、砂糖が余ったものは、左端の水よりも甘く、砂糖がたりないものは、左端の水よりも甘くないことになります。

【おすすめ問題集】

Ｊｒ・ウォッチャー15「比較」、58「比較②」

問題25　分野：数量（数の多少）

観察　集中

〈準備〉　鉛筆

〈問題〉　左側に描かれたお友だち全員に、リンゴを１個ずつ配ります。右側のリンゴのうち、お友だち全員に余りなく分けられるものには○を、数が足りないものには×をつけてください。ただし、×は必ずしも１つとは限りません。できたら、２枚目も同じようにやってください。

〈時間〉　各20秒

〈解答〉　下図参照

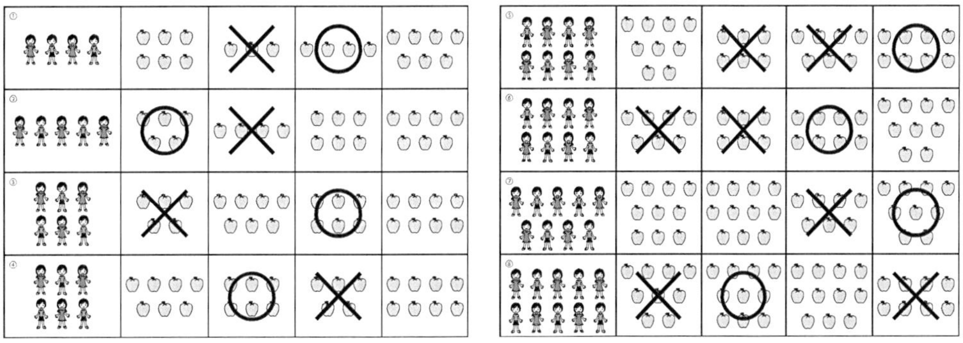

学習のポイント

一見すると、リンゴを左の四角に描かれた人数で分ける「数の分配」の問題のように見えますが、「リンゴは１人に１個配る」ので、人とリンゴの数が同じものを選ぶ「同数発見」や「比較」の複合問題となっています。例えば①の問題では、左に４人いるので、右側の絵のリンゴが４個のものに○をつけ、４個より少ないものに×をつければよいのです。５～15程度の数量を正確に数えられることと、多少を比較できればスムーズに答えられるでしょう。本問では、１問ごとに５回数をかぞえますから、スピードもある程度必要です。５までの数で構いませんので、絵を一目見ただけで把握できるように練習をしておくとよいでしょう。少ない数をすぐに把握できるだけでなく、一目見て多いと感じたら、すぐに端から数える行動に切り替えられるという点でも効率が上がります。

【おすすめ問題集】
　Ｊｒ・ウォッチャー14「数える」

問題26　分野：図形（同図形探し）　観察　考え

〈準　備〉　鉛筆

〈問　題〉　上の段の形と同じものを下から探して○をつけてください。形は回したり、ひっくり返したりしてはいけません。

〈時　間〉　各１分

〈解　答〉　下図参照

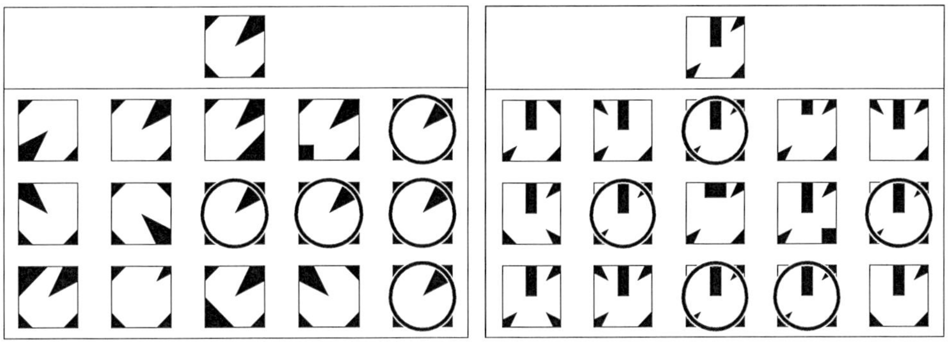

学習のポイント

同図形探しの問題です。まず、上にある図形の特徴を把握した上で同じものを選びますが、「回したり、ひっくり返したりしてはいけません」とあるので、形は同じでも図形の向きが違っていれば同じ図形ではないとされる点に注意しましょう。また、図形の数が多い割に解答時間が短いので、「選択肢の図形を１つ見ては見本と見比べる→次の選択肢の図形を見本と見比べる」ということを繰り返していると時間が足りなくなってしまいます。ここでは見本の図形のわかりやすい特徴を捉え、一瞬で判断できるような観察力が必要となります。例えば①の場合、「右上に大きめの四角形があり、ほかの隅には小さめの三角形がある」、②の場合は「上から真ん中に向かって長い四角形がある」「右上と左下に小さめの四角形があり、右下には三角形がある」といったポイントをすぐに見つけ、そのポイントだけで同図形かどうかを判断するということです。図形の特徴を捉える能力は、意識的に練習や類題を繰り返すことで身に付きます。問題に取り組む前に、「図形の特徴を見つける」といった、その問題のテーマを決めるのもよいでしょう。

【おすすめ問題集】

Ｊｒ・ウォッチャー４「同図形探し」

問題27　分野：図形（鏡図形）

観察　考え

〈準 備〉　鉛筆

〈問 題〉　１番左の絵を見てください。この絵を鏡に映すと、どのように見えるでしょうか。正しいものを右から選んで、○をつけてください。

〈時 間〉　各20秒

〈解 答〉　①左端　②右端　③左から２番目　④左端

学習のポイント

鏡に映った形は、上下は変わりませんが左右が反対になります。本問のような鏡に映った絵を答える問題は、一見しただけでは見分けにくい選択肢が並ぶことが多いので、それぞれの形の特徴的な部分に注目し、その部分が反転した時の形が正しいかそうでないかで判断していきます。絵を見比べる際は、尻尾やウインクした目など、左右どちらかにしかないものを見比べていくのがポイントです。なお、このような問題では消去法を使って答えを見つけることもできますが、消去法は正解の形を思い浮かべなくても答えが見つけられる方法です。そのため、図形認識の力を伸ばすという観点からはあまりおすすめできません。消去法を使った時は、残った１つの選択肢が、答えとして正しいかどうかを、忘れずに確認するようにしましょう。

【おすすめ問題集】

Ｊｒ・ウォッチャー48「鏡図形」

問題28　分野：図形（回転図形）

観察　考え

〈準備〉　鉛筆

〈問題〉　①１番上の段を見てください。左の絵を１回矢印の方向に回すと、どの形になりますか。選んで○をつけてください。
②上から２番目の段を見てください。左の絵を３回矢印の方向に回すと、どの形になりますか。選んで○をつけてください。
③上から３番目の段を見てください。左の絵を２回矢印の方向に回すと、どの形になりますか。選んで○をつけてください。
④１番下の段を見てください。左の絵を１回矢印の方向に回すと、どの形になりますか。選んで○をつけてください。

〈時間〉　各15秒

〈解答〉　①右端　②左端　③右から２番目　④左から２番目

学習のポイント

回転図形の問題では、回転後の形をイメージする力が求められています。見本の絵の特徴的な部分に注目しながら、選択肢を確認していくようにしてください。①の場合、見本の図形は４つのマスのうち、右上だけが黒く塗られています。この図形を１回右へ回すと、右上にあった黒いマスは右下に移動しますので、右端が正解となります。このように、右上にある形は、図形を回転させるごとに右下→左下→左上→右上と移動することを理解させ、ほかの位置からでも回転後の位置をつかめるように練習をしてください。なお、回転図形の問題では、四角形を「１回右に回す」という指示は、「右に90度回転させる」という意味ですが、ほかの形の場合は90度ではない場合があります。例えば④の三角形の場合、120度ずつ回転しています。絵を見て柔軟に対応するように指導をしてください。

【おすすめ問題集】
Ｊｒ・ウォッチャー５「回転・展開」、46「回転図形」

問題29　分野：図形（同図形さがし）　観察　集中

〈準 備〉　鉛筆

〈問 題〉　1番左の絵を見てください。マスの中に太い線の四角形があります。この図の太い線で囲んだ部分と同じ形を右の4つの中から探して、○をつけてください。

〈時 間〉　各15秒

〈解 答〉　下図参照

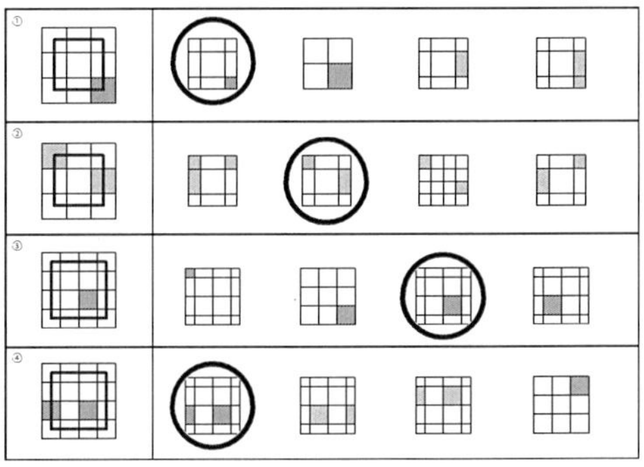

学習のポイント

図形内の指定された部分と同じ形を探します。図形の中に引かれた線の本数と、色マスの位置が判断の基準です。太線の外側に惑わされることなく、枠の中を意識することが大切です。その上で、枠の中の線や色の位置関係を観察します。考え方としては、①選択肢の図形全体を眺めて、特徴となる部分（線の本数や位置）が見本の図形と同じものを選び、②それらの色マスの位置を1つひとつ確かめる、という手順で答えを見つけます。日々の学習では、図形に対する観察力を付けるために、その特徴や性質を把握させる問題を解かせましょう。その時、結果だけでなく過程も聞き取ると、考え方が整理できます。

【おすすめ問題集】
　Ｊｒ・ウオッチャー４「同図形探し」

問題30　分野：図形（座標・回転図形）

観察　考え

〈準備〉　鉛筆

〈問題〉　それぞれの絵の左側の四角を、右側の四角の形になるように何度か回転させました。その時の形になるように、足りないものを右の絵に書いてください。

〈時間〉　各30秒

〈解答〉　下図参照

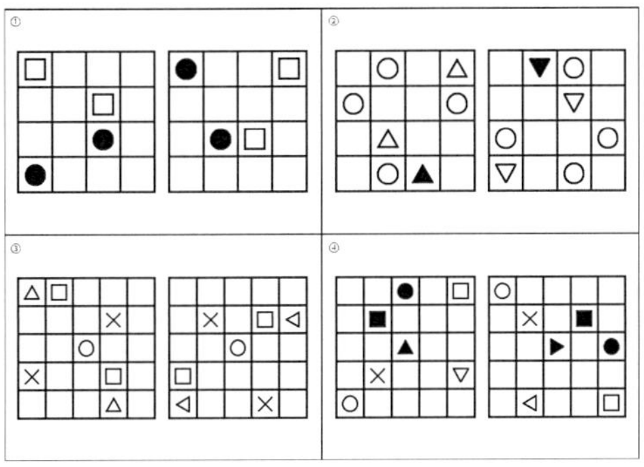

学習のポイント

記号が描かれたマスを回転させた時の形を考える問題です。マスがどれだけ回転したのかを考えなければいけないことと、描かれている記号の向きが変わる場合があることに気を付けて問題に取り組んでください。図形がどれだけ回転したのかは、解答欄側にあらかじめ書かれてある記号の位置から判断します。例えば①の場合、左上にある□が右上に移動していることから、１回右へ回したことがわかります。同様に②は２回、③は３回、④は１回右へ回転しています。記号を書き込む際は、向きにも注意が必要です。丸や正方形などは回転させても向きが変わりませんが、三角形は回転の数によって向きが変わります。こういった点に気が付くためには、考え方を理解した上での復習が効果的です。問題を繰り返し解き直して、着眼点や考え方が理解できるよう、練習してください。

【おすすめ問題集】
Ｊｒ・ウォッチャー２「座標」、46「回転図形」

問題31　分野：図形（鏡図形）

観察

〈準備〉　鉛筆

〈問題〉　それぞれの段の１番左の絵を見てください。この絵を水面に映した時、どのように見えるでしょうか。正しいものを右から選んで、〇をつけてください。

〈時間〉　各15秒

〈解答〉　①右　②真ん中　③左から２番目　④右端

学習のポイント

水面に写った絵を扱った鏡図形の問題では、絵が上下のみ反転しています。このような問題では、はじめに水面を表す線と、描かれている物の位置関係を確認します。①の場合、左向きにジャンプしているイルカが水面の上に描かれています。上下を反転させた時に、その絵がどのようになるかを考えると、水面の下に、上下逆さまの左向きのイルカが描かれることになります。そして、考えた形と同じものを選択肢から選びます。考え方が理解できたら、上下、左右の区別をしやすい部分に注目して絵を観察すればよいこともわかると思います。例えば②では、ゾウの頭（上）と、鼻（左向き）に注目すると考えやすくなるでしょう。なお、勉強をする際には、どのような形になるのかをあらかじめ考えてから、イメージと合致した絵を選ぶようにしてください。はじめから選択肢を見てしまうと、まぎらわしいものに気を取られて、正解を見逃してしまうことがあります。

【おすすめ問題集】
Ｊｒ・ウォッチャー48「鏡図形」

問題32　分野：言語（しりとり）　語彙

〈準備〉　クーピーペン（黒）

〈問題〉　（問題32の絵を渡す）
１番左の絵からしりとりをはじめて、できるだけ長く続けます。その時に使わないものを見つけて、○をつけてください。

〈時間〉　各20秒

〈解答〉　①右端（カメ）　②右から２番目（ウシ）
③真ん中（カサ）　④右から３番目（バケツ）

学習のポイント

本問では、左側の絵からスタートして、できるだけ長くしりとりを続けます。①では、「アリ→リス」と続けた後、「スズメ」と「スイカ」につなげられます。「スズメ」を選んだ場合はそこで終わりですが、「スイカ」を選んだ場合は、さらに「カラス」と「カメ」を選んでしりとりを続けることができます。ここで「カラス」を選び、「スイカ→カラス→スズメ」とつなげるのが正解です。大人ならば、このような指示があれば、何通りかしりとりができる中で、一番長くなるように作ればいいことが予測できます。また、頭が、これはお子さまにとっては、難しいことです。「できるだけ」という言葉が出てきたら、ほかにも答えが作れないかどうかを考えられるよう、「ほかにはできないかな」と、再考を促してみましょう。当校では、複数回答のある問題は頻出です。なお、言語分野では、問題の絵を見た時に名前を知らないものがあると、解答できなくなってしまう場合があります。小学校入試で扱われているものの名前に関しては、確実に覚えておくようにしてください。わからない場合、「この言い方でいいのか。他はどうか」など、観点を変えることも大切です。④の左の絵が「トナカイ」か「シカ」か迷う人も多いと思いますが、特徴を捉えていれば「トナカイ」だとわかります。両方で迷った時は、両方でしりとりをし、比較してみましょう。

【おすすめ問題集】

Ｊｒ・ウォッチャー17「言葉の音遊び」、18「いろいろな言葉」、
49「しりとり」、60「言葉の音（おん）」

問題33 分野：言語（言葉の音）

観察 考え

〈準 備〉 鉛筆

〈問 題〉 左側に書かれている絵の中で、○が付いている絵のはじめの音と同じ音を持つものに○をつけ、△がついている絵の最後の音と同じ音を持つものに△をつけてください。

〈時 間〉 各30秒

〈解 答〉 下図参照

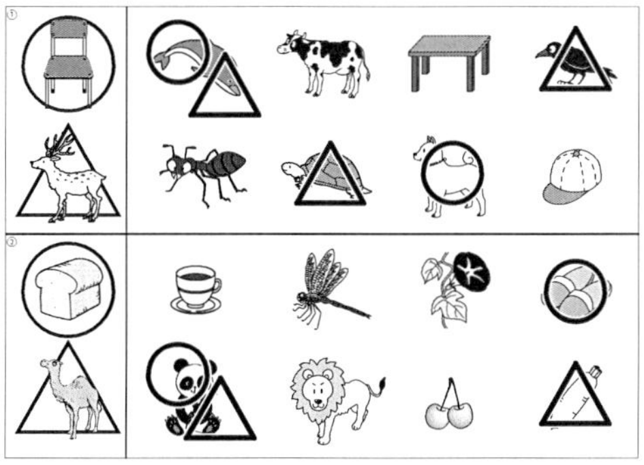

学習のポイント

同音さがしの問題です。複数の物の中から、見本と共通する音を持つ言葉を見つけます。言葉を「音」の集合として考えることができるかどうか、ということが観点です。言葉を音でとらえる考え方は、詩や俳句などを学ぶ時だけでなく、リズムに合わせて歌う時など、小学校生活のさまざまな場面で役立ちます。本問で注意すべきポイントは、指定された音を含む言葉を探すことです。頭音や尾音といった音の位置が指定されていないので、すべての選択肢の言葉の音を確認しなければいけないのです。こうした問題では、１つの答えを見つけたら、ほかにも正解がないか、常に確認してください。当校では、複数回答に答えられるかどうか、ということが特に重要です。

【おすすめ問題集】

Ｊｒ・ウォッチャー17「言葉の音遊び」、18「いろいろな言葉」、60「言葉の音（おん）」

問題34　分野：言語

語彙　考え

〈準　備〉　鉛筆

〈問　題〉　それぞれの段の左にある２つの絵の最後の音をつなげてできるものに、○をつけてください。

〈時　間〉　各30秒

〈解　答〉　①左から２番目（カニ）　②左端（タコ）　③右端（ゴリラ）　④左から２番目（ミシン）

学習のポイント

①の問題では、「イルカ」の「カ」の音と、「ワニ」の「ニ」の音を組み合わせて「カニ」という言葉を作ります。言葉の「音（おん）」に関連した問題では、言葉を実際の意味を考える必要はありません。音のつながり・組み合わせだけに注目して答えを導いてください。日常生活では身に付けにくいことなので、「しりとり」をはじめ、さまざまな言葉遊びを行う中で、言葉を音としてとらえる感覚を伸ばすようにするとよいでしょう。なお、入学試験では、言葉を口に出して確認することは、認められていません。「音（おん）」の問題だけでなく、言語分野では言葉を口に出してみることが１番の練習方法なのですが、ペーパーテストを踏まえて、言葉を口に出さずに頭の中で考えて解答する練習もするようにしてください。

【おすすめ問題集】

Ｊｒ・ウォッチャー17「言葉の音遊び」、60「言葉の音（おん）」

問題35　分野：言語（言葉の音）

語彙　考え

〈準備〉　鉛筆

〈問題〉　左上のウサギの絵を見てください。ウサギという言葉は、「ウ」「サ」「ギ」と３つの音が集まった言葉です。このように、それぞれの絵の言葉の音の数をかぞえます。それぞれの絵の下に、お手本のように音の数だけ○を書いてください。

〈時間〉　２分

〈解答〉　下図参照

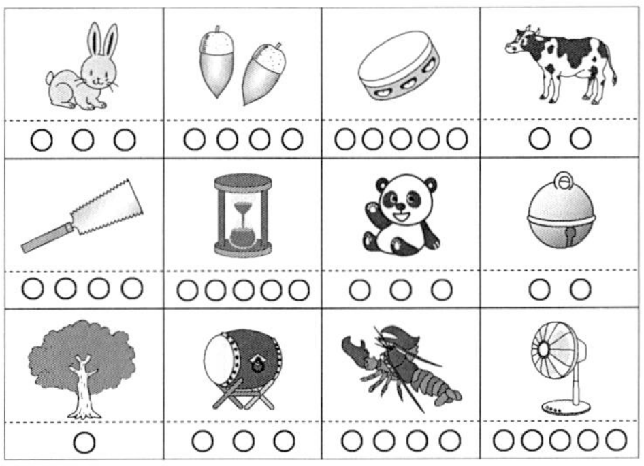

学習のポイント

それぞれの言葉の音の数をかぞえる問題です。選択肢の言葉に拗音（小さい「ゃ」「ゅ」「ょ」）や長音（「ー」）、促音（小さい「っ」）は含まれていませんので、難しくはありません。慌てずに取り組んでください。言葉を音の集まりとして考えること、語彙を増やすことが言語分野の学習で大切だということは前問までで説明しましたが、小学校入試では、「聞く」「見る」「考える」「答える」「書く」など、さまざまな力を組み合わせて問題に取り組まなければいけません。本問のような小さな解答欄に「○」を書くことも、知識を身に付けることと同様に大切なことですので、知識を増やす学習と並行して、毎日練習するようにしてください。それと同時に、解答記号を正しく、きれいに書くことを心がけてください。特に頂点をしっかりと書くことは大切です。

【おすすめ問題集】
Ｊｒ・ウォッチャー17「言葉の音遊び」、60「言葉の音（おん）」

問題36　分野：言語（しりとり）

知識　語彙

〈準 備〉　鉛筆

〈問 題〉　（問題36－１の絵を渡す）
①それぞれの列からしりとりでつながる絵を選んで、○をつけてください。
（問題36－２の絵を渡す）
②４つのものを使ってしりとりをします。しりとりで使わないものに、○をつけてください。
③４つのものを使ってしりとりをします。しりとりで使わないものに、○をつけてください。

〈時 間〉　各15秒

〈解 答〉　①下（タコ）→上（こたつ）→真ん中（ツバメ）→メガネ
②真ん中（切手）　③右下（トカゲ）

学習のポイント

しりとりを用いた言語の問題は、小学校入試でよく出題される分野の１つです。本問はしりとりが成立するように絵を並べる問題です。このような問題では、先に２～３枚の絵をつながるように並べ、その後で残った絵を前後に配置するなどの工夫をしながらしりとりを進めることが求められています。例えば①の場合、左端の絵と左から２列目の絵の組み合わせには「アメンボ→ボール」「タコ→コタツ」の２通りがあります。左から２列目と３列目では「コタツ→ツバメ」「コタツ→ツクシ」「ナガグツ→ツバメ」「ナガグツ→ツクシ」の４通りが、左から３列目と右端では「スズメ→メガネ」「ツバメ→メガネ」の２通りの組み合わせが見つかります。これらを左端から右端までつながるように選ぶと、答えの組み合わせができます。②③は条件が多くなっているので難しくなっていますが、考え方は同じです。しりとりに使わなかった絵を選ぶことを忘れないように気を付けてください。

【おすすめ問題集】
Ｊｒ・ウォッチャー17「言葉の音遊び」、49「しりとり」

問題37　分野：言語（同音探し）

語彙　考え

〈準 備〉　鉛筆

〈問 題〉　左側の絵の下にある●と○は、絵の名前の音を表しています。右側の絵の中から、●と同じ音があるものを探して、その音のある位置の絵の○を、塗りつぶしてください。

〈時 間〉　各20秒

〈解 答〉　下図参照

学習のポイント

ものの名前を表わす言葉に共通する音を見つける問題です。言葉の音を利用した言語分野の問題には、さまざまなバリエーションがあるので、設問の指示をしっかり確認してから解かなければいけません。本問の場合、「●」で指定された音を見つけるのですが、指定された音を持たないものも選択肢に含まれています。正解を見つけて「●」を書いたら、すぐに見直しをします。今印をつけた選択肢が本当に正しいことを確認し、その次に、ほかの選択肢すべてが正しくないことを確認します。本問のように、口頭で指示が出される問題では、最後まで解いてから見直すことはおすすめできません。１問解くごとに、すばやく見直す習慣をつけられるように練習をしてください。

【おすすめ問題集】

Ｊｒ・ウォッチャー17「言葉の音遊び」、18「さまざまな言葉」、49「しりとり」

問題38　分野：常識（理科）

知識

〈準備〉　鉛筆

〈問題〉　（問題38－1の絵を渡す）
①左の生き物と関係がある場所を、右から選んで線で結んでください。
②左の生き物の卵を、右から選んで線で結んでください。
（問題38－2の絵を渡す）
左側の絵を見てください。
③上の段の野菜の中で、土の中にできない野菜に○をつけてください。
④下の段の野菜の中で、花がつかないものに○をつけてください。
右側の絵を見てください。
⑤アサガオの花はどれですか。○をつけてください。
⑥ヒマワリの種はどれですか。○をつけてください。
⑦カキの実はどれですか。○をつけてください。
⑧サクラの葉はどれですか。○をつけてください。

〈時間〉　各15秒

〈解答〉　下図参照

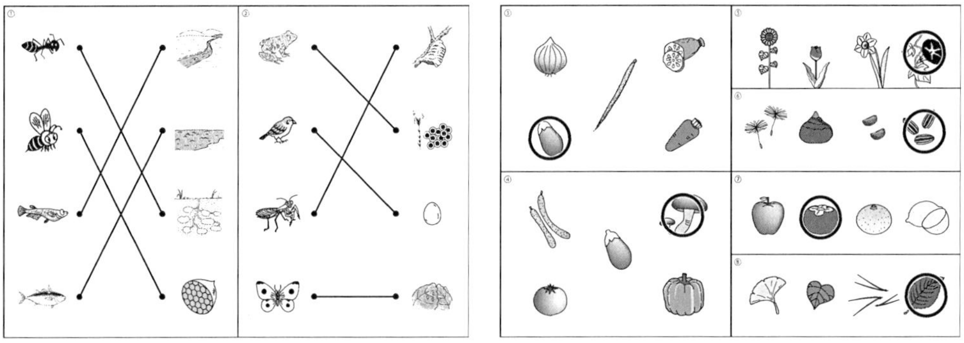

学習のポイント

理科分野の常識問題では、動物と植物の生態や特徴についての問題が多く扱われています。動物の場合は、卵から産まれるもの、卵の形、子ども時代の特徴、生息場所などを確認しておきましょう。植物の場合は、花の名前、種や葉の形、実が育つ場所などを、あらかじめ整理しておくとよいでしょう。図鑑や映像資料などを使って覚えることが多いと思いますが、その際には、「知る・覚える・理解する」だけでなく、それぞれの特徴的な部分に注目して「区別できる」ことを大切にしてください。また、そのようにして覚えたものは、実物を見ることでさらにしっかりと身に付きます。机上の学習で得た知識と、体験や観察で学んだことを組み合わせて、さらに知識を豊かなものにしてください。

【おすすめ問題集】
Ｊｒ・ウォッチャー27「理科」、55「理科②」

問題39　分野：常識（季節）　知識

〈準 備〉　クーピーペン（黒）

〈問 題〉　１番左の絵と同じ季節のものを右から選んで、○をつけてください。

〈時 間〉　各20秒

〈解 答〉　①左から２番目（アサガオ・夏）
②右から２番目（ヒガンバナまたは曼珠沙華・秋）
③左から２番目（トマト・夏）　④右端（スキー・冬）

学習のポイント

季節に関する常識分野の問題では、植物、くだもの、野菜、昆虫、行事など多岐にわたり、それぞれの季節を代表するものについての知識が問われています。日々の生活や学習の中で目に触れるようなものをはじめ、身近なもの、一般的なものはしっかりと覚えておくようにするとよいでしょう。こういった問題を解いていると、ふだんの生活ではあまり見かけないものが出てくる場合もあります。そういったものについても、小学校入試の問題で扱われることがありますので、季節だけでなく周辺の知識とあわせて、その場で覚えられるようにしてください。特に当校では、自然分野や食についての豊富な知識が求められています。さまざまな学習機会を逃さないように気をつけてください。なお、本問で扱われた解答以外のものの名称と季節は、一般的に次の通りです。

①ヒマワリ（夏）、パンジー（春）、ツクシ（春）、チューリップ（春）
②モミジ（秋）、タンポポ（春）、アジサイ（夏）、バラ（春）
③スイカ（夏）、タケノコ（春）、レンコン（秋）、サツマイモ（秋）
④節分（冬）、月見（秋）、ひなまつり（春）、スイカ割り（夏）、スキー（冬）

【おすすめ問題集】
Ｊｒ・ウォッチャー11「いろいろな仲間」、27「理科」、34「季節」、55「理科②」

問題40　分野：複合（記憶・理科）

聞く　集中

〈準備〉　鉛筆

〈問題〉　お話を聞いて、あとの質問に答えてください。

今日はカタツムリのお話をします。カタツムリは、体に骨がない軟体動物という生き物の仲間です。ナメクジもこの生き物の仲間です。同じ軟体動物の仲間には、イカやタコ、貝などがいます。カタツムリは陸に住んでいる生き物なのに、海に住んでいる生き物も同じ仲間になるのです。

雨の日にカタツムリがアジサイの葉の上にいるところを見たことはありますか。あれはアジサイの葉を食べているのです。カタツムリの口には、目には見えないくらい小さな歯がびっしりと並んでいます。カタツムリは葉の上をはいながら、この歯で削り取って食べるのです。葉だけでなく、ニンジンやキャベツなどの野菜を食べることもできます。さらにカタツムリは、ブロック塀などのコンクリートを食べることもあります。コンクリートに含まれている成分を使って、背中の殻を大きくするためです。カタツムリの殻の中には体の大事な部分が入っているので、殻を大きくしないと成長できません。

カタツムリはゆっくりですが、さまざまな場所に移動することができます。移動する時は、お腹を使って地面や葉の上をはって進みます。カタツムリのお腹は、私たち人間の足のような働きをするのです。

カタツムリは雨の日にはさまざまなところにいますが、晴れの日はなかなか見られません。晴れの日は、カタツムリは体が乾かないように、落ち葉の下のような日の当たらない湿ったところでじっとしています。何日も雨が降らないと、カタツムリは殻の中に入って入り口に蓋をし、雨が降るまでじっと待ちます。

①１番上の段を見てください。カタツムリと同じ仲間のものを選んで、○をつけてください。
②上から２段目を見てください。カタツムリが食べないものを選んで、○をつけてください。
③下から２段目を見てください。カタツムリのお腹は、人間の部分に例えると何ですか。選んで○をつけてください。
④１番下の段を見てください。晴れた日にカタツムリはどこにいますか。選んで○をつけてください。

〈時間〉　各10秒

〈解答〉　①左から２番目　②右端　③左端　④左から２番目

学習のポイント

カタツムリの生態についてのお話です。ふだん聞いているなじみのあるお話とは違い、説明文のような一風変わったお話ですが、惑わされることなく内容を聞き取ってください。ストーリーのあるお話ではありませんから、カタツムリはどんな生き物なのか、どのような特徴があるのかを、お話で説明されるたびにまとめながら聞き取れば解答に困ることはないでしょう。具体的には、①カタツムリは、イカやタコ、貝などと同じ仲間。②カタツムリには小さい歯がたくさんあって、アジサイの葉やニンジン、キャベツも食べる。③殻を大きくするために、コンクリートも食べる。④カタツムリはお腹を使ってはうように移動する。⑤晴れの日は落ち葉の下に隠れている。といった形で項目を立てながら聞けばよいのです。「お話を整理しながら聞く」ことが難しいようならば、お話を数行聞かせたところで、「ここまでのお話はどういうこと？」と質問をしてみましょう。

【おすすめ問題集】

１話５分の読み聞かせお話集①・②、お話の記憶　初級編・中級編・上級編、Ｊｒ・ウォッチャー19「お話の記憶」

東京農業大学稲花小学校　専用注文書

年　月　日

合格のための問題集ベスト・セレクション

＊入試頻出分野ベスト３

1st　推　理

集中力　聞く力

観察力　思考力

2nd　数　量

観察力　思考力

3rd　言　語

聞く力　言語力

２年目は推理問題の出題が増えました。応用問題が目立つので、柔軟な思考はもちろん、経験・知識も必要です。高倍率の試験を乗り切るだけの準備を本書からはじめてください。

分野	書　名	価格(税抜)	注文	分野	書　名	価格(税抜)	注文
図形	Ｊｒ・ウォッチャー4「同図形探し」	1,500円	冊	数量	Ｊｒ・ウォッチャー39「たし算・ひき算2」	1,500円	冊
図形	Ｊｒ・ウォッチャー6「系列」	1,500円	冊	数量	Ｊｒ・ウォッチャー40「数を分ける」	1,500円	冊
図形	Ｊｒ・ウォッチャー7「迷路」	1,500円	冊	図形	Ｊｒ・ウォッチャー46「回転図形」	1,500円	冊
数量	Ｊｒ・ウォッチャー14「数える」	1,500円	冊	図形	Ｊｒ・ウォッチャー48「鏡図形」	1,500円	冊
推理	Ｊｒ・ウォッチャー15「比較」	1,500円	冊	言語	Ｊｒ・ウォッチャー49「しりとり」	1,500円	冊
言語	Ｊｒ・ウォッチャー17「言葉の音遊び」	1,500円	冊	巧緻性	Ｊｒ・ウォッチャー51「運筆①」	1,500円	冊
言語	Ｊｒ・ウォッチャー18「いろいろな言葉」	1,500円	冊	巧緻性	Ｊｒ・ウォッチャー52「運筆②」	1,500円	冊
記憶	Ｊｒ・ウォッチャー19「お話の記憶」	1,500円	冊	常識	Ｊｒ・ウォッチャー55「理科②」	1,500円	冊
常識	Ｊｒ・ウォッチャー26「文字・数字」	1,500円	冊	推理	Ｊｒ・ウォッチャー58「比較②」	1,500円	冊
常識	Ｊｒ・ウォッチャー27「理科」	1,500円	冊	言語	Ｊｒ・ウォッチャー60「言葉の音（おん）」	1,500円	冊
常識	Ｊｒ・ウォッチャー34「季節」	1,500円	冊		面接テスト問題集	2,000円	冊
数量	Ｊｒ・ウォッチャー37「選んで数える」	1,500円	冊		1話5分の読み聞かせお話集①②	1,800円	各　冊
数量	Ｊｒ・ウォッチャー38「たし算・ひき算1」	1,500円	冊		新個別テスト・口頭試問問題集	2,500円	冊
数量	Ｊｒ・ウォッチャー39「たし算・ひき算2」	1,500円	冊		新運動テスト問題集	2,200円	冊

合計	冊	円

（フリガナ） 氏　名	電　話 ＦＡＸ E-mail
住　所　〒　　　－	以前にご注文されたことはございますか。 有　・　無

★お近くの書店、または記載の電話・FAX・ホームページにてご注文をお受けしております。
　電話：03-5261-8951　FAX：03-5261-8953　代金は書籍合計金額＋送料がかかります。
　※なお、落丁・乱丁以外の理由による商品の返品・交換には応じかねます。
★ご記入頂いた個人に関する情報は、当社にて厳重に管理致します。なお、ご購入の商品発送の他に、当社発行の書籍案内、書籍に関する調査に使用させて頂く場合がございますので、予めご了承ください。

日本学習図書株式会社
http://www.nichigaku.jp

問題 1

①

②

③

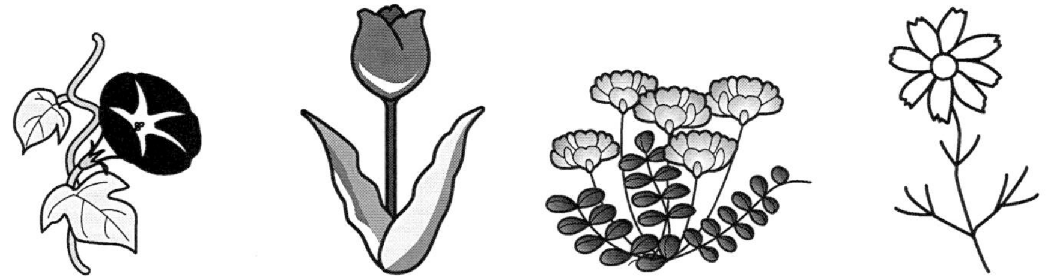

④

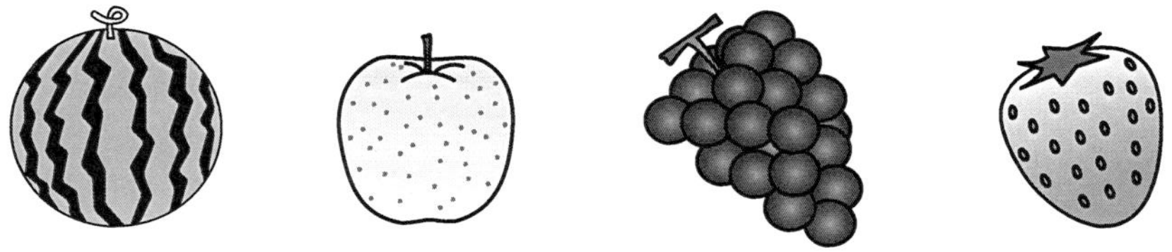

⑤

⑥

⑦

⑧

 無断複製／転載を禁ずる

2021年度 東京農業大学稲花小学校 過去・対策 無断複製／転載を禁ずる 日本学習図書株式会社

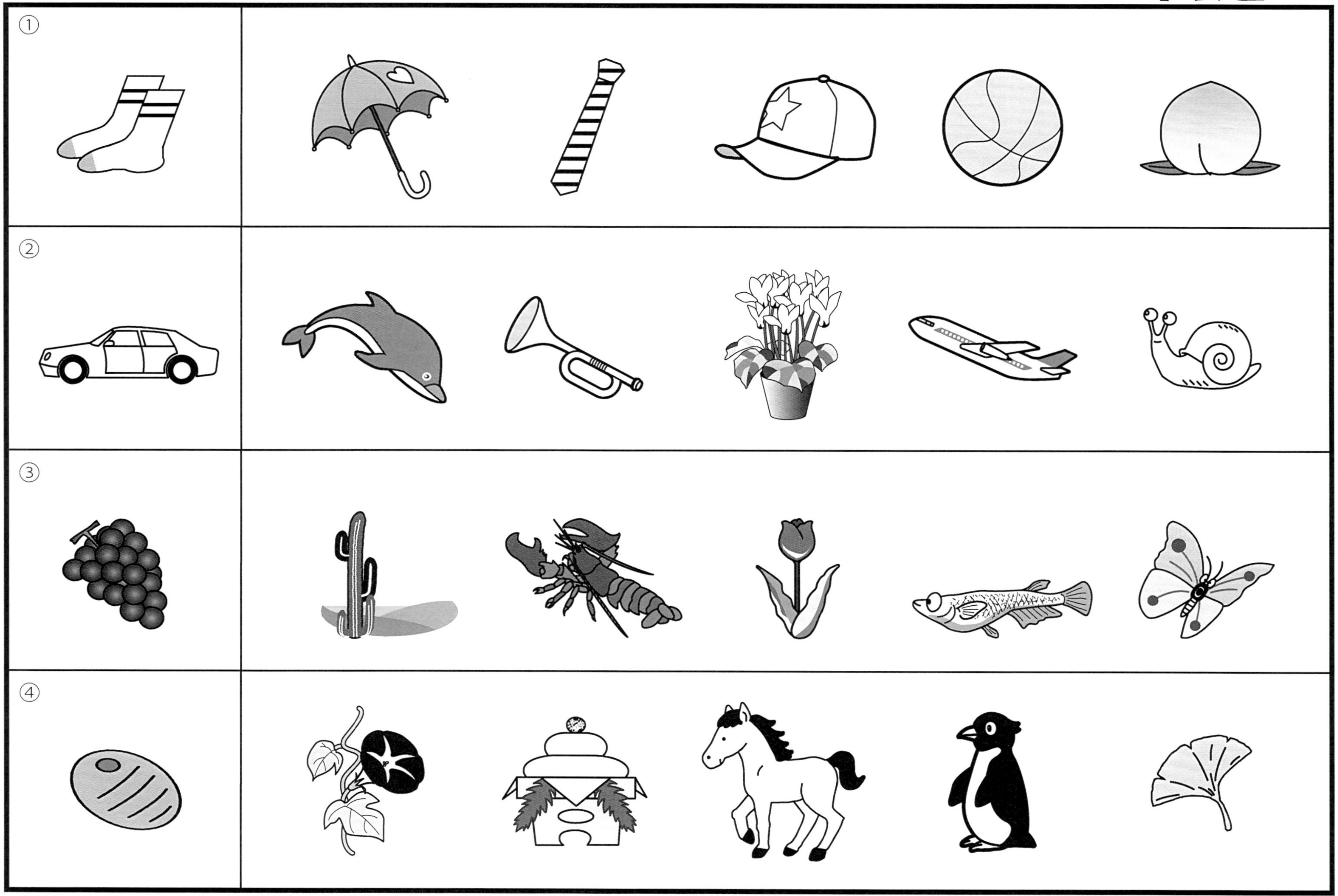

問題3

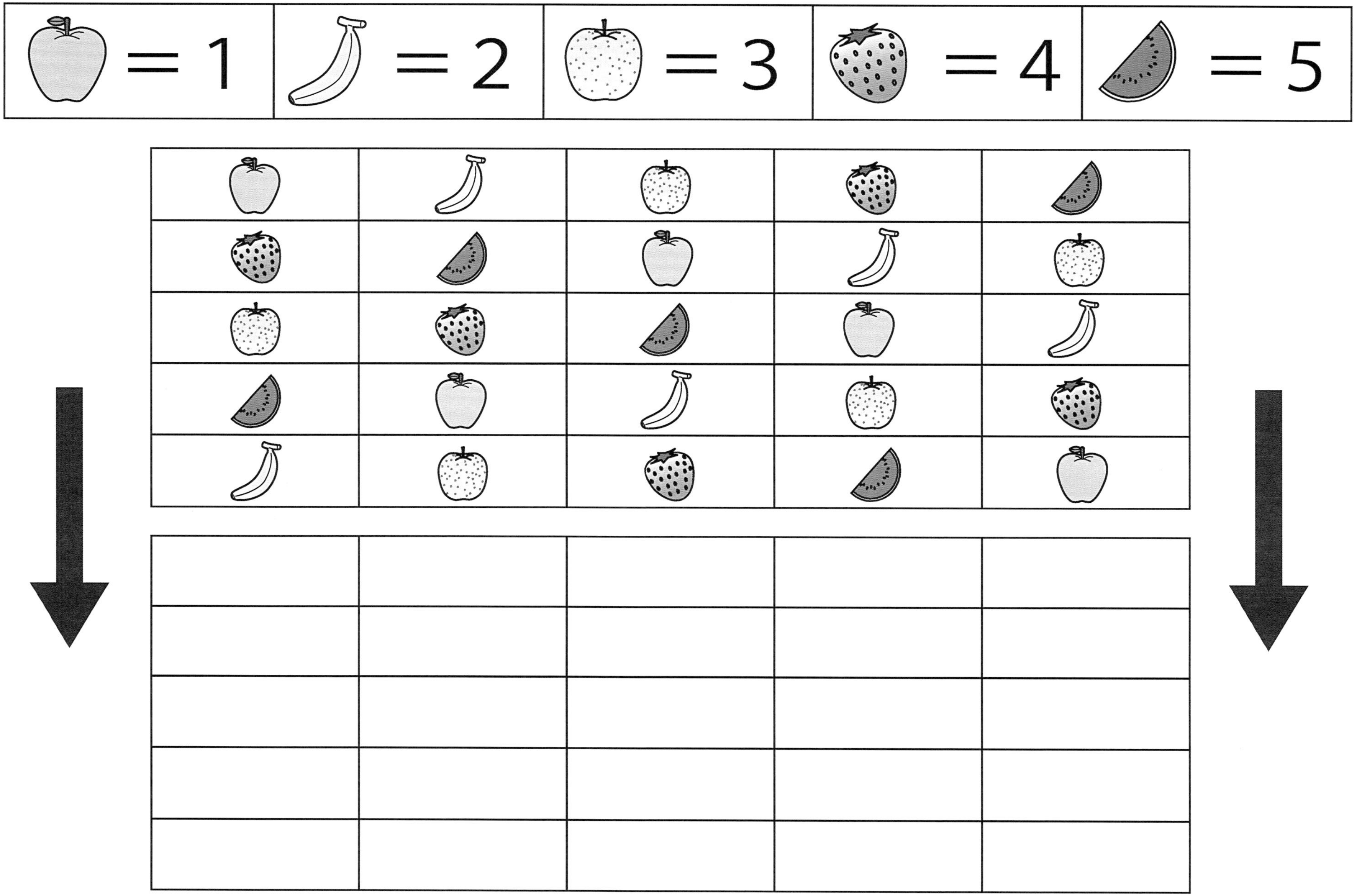

2021年度 東京農業大学稲花小学校　過去・対策　無断複製／転載を禁ずる

日本学習図書株式会社

問題4

①

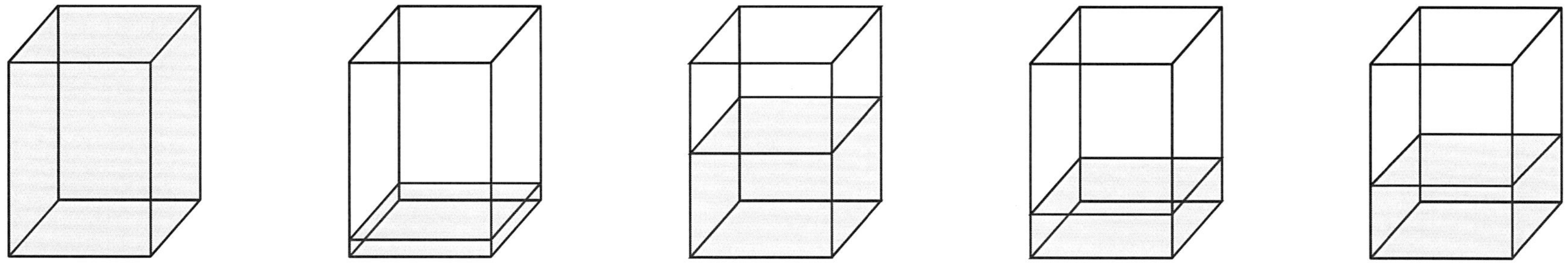

②

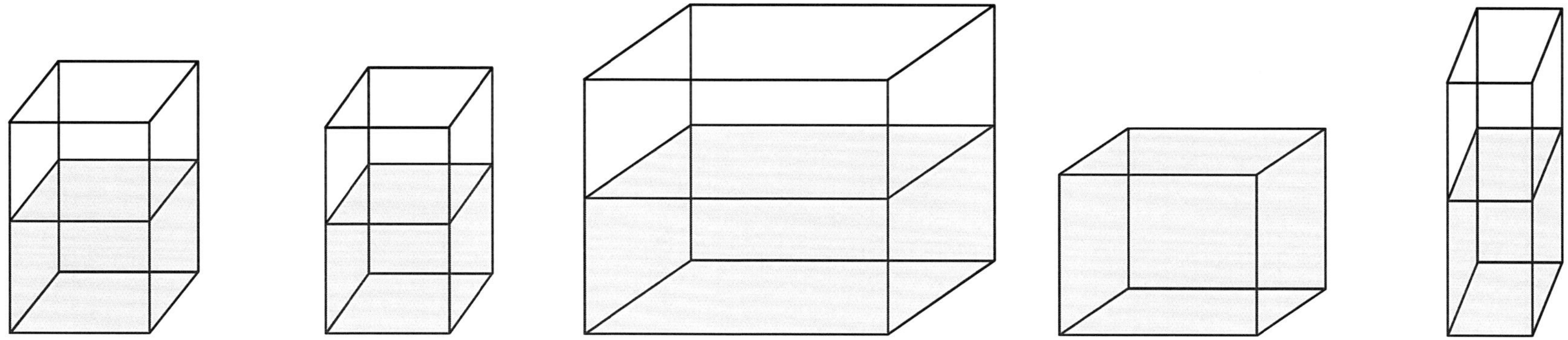

③

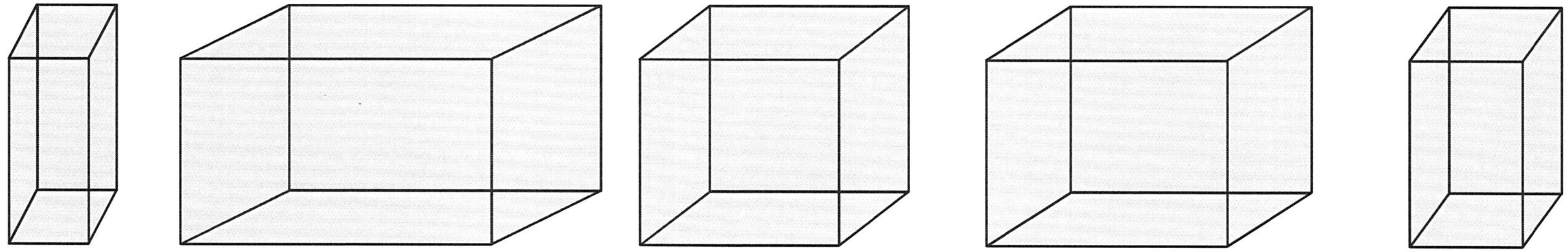

無断複製／転載を禁ずる　　

問題 5

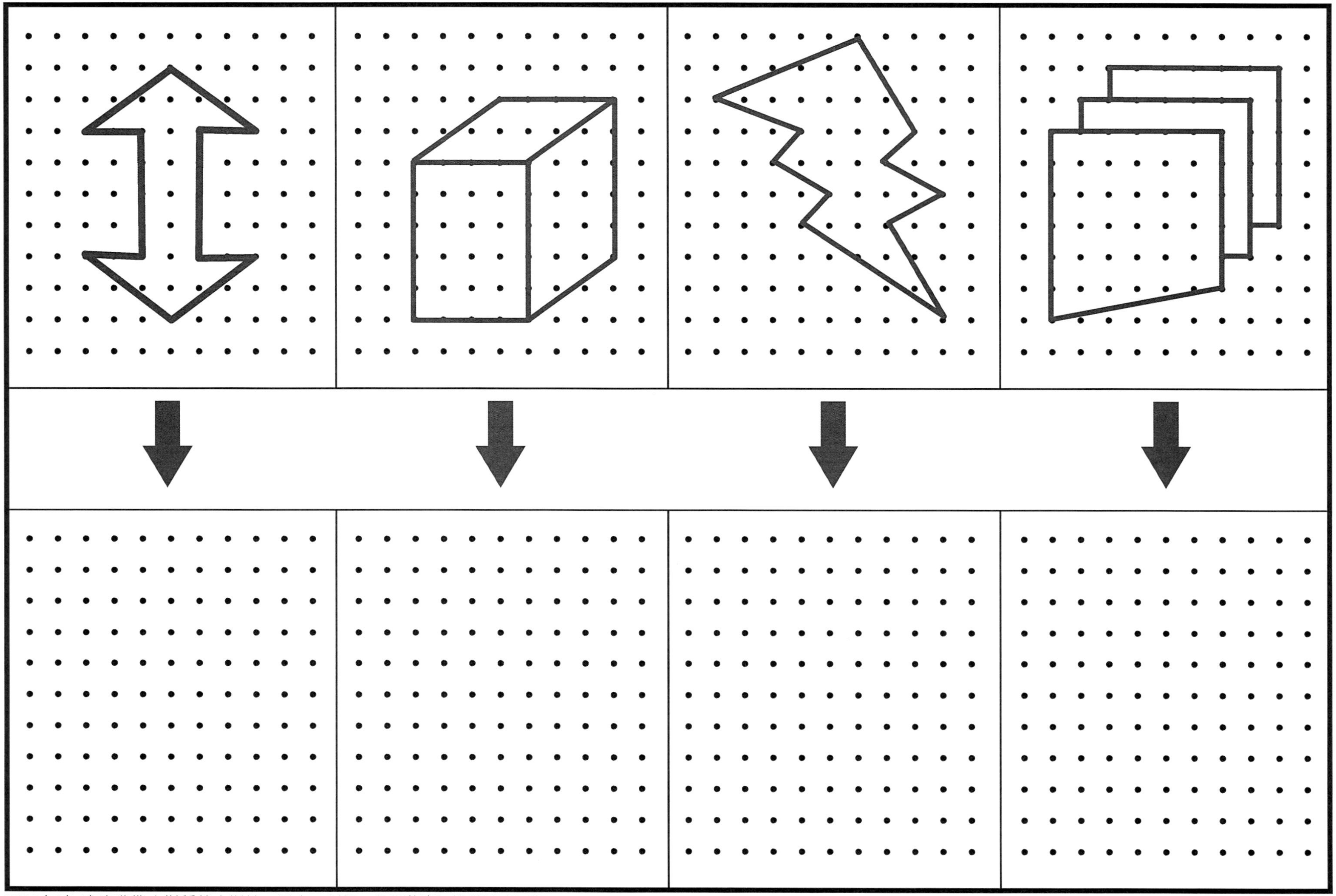

2021年度 東京農業大学稲花小学校　過去・対策　無断複製／転載を禁ずる　日本学習図書株式会社

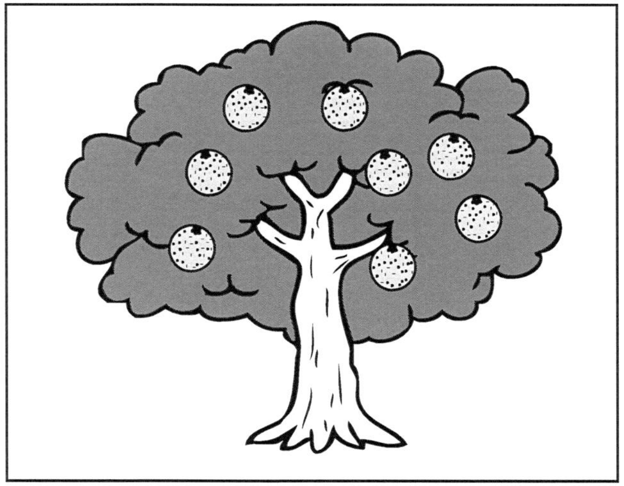

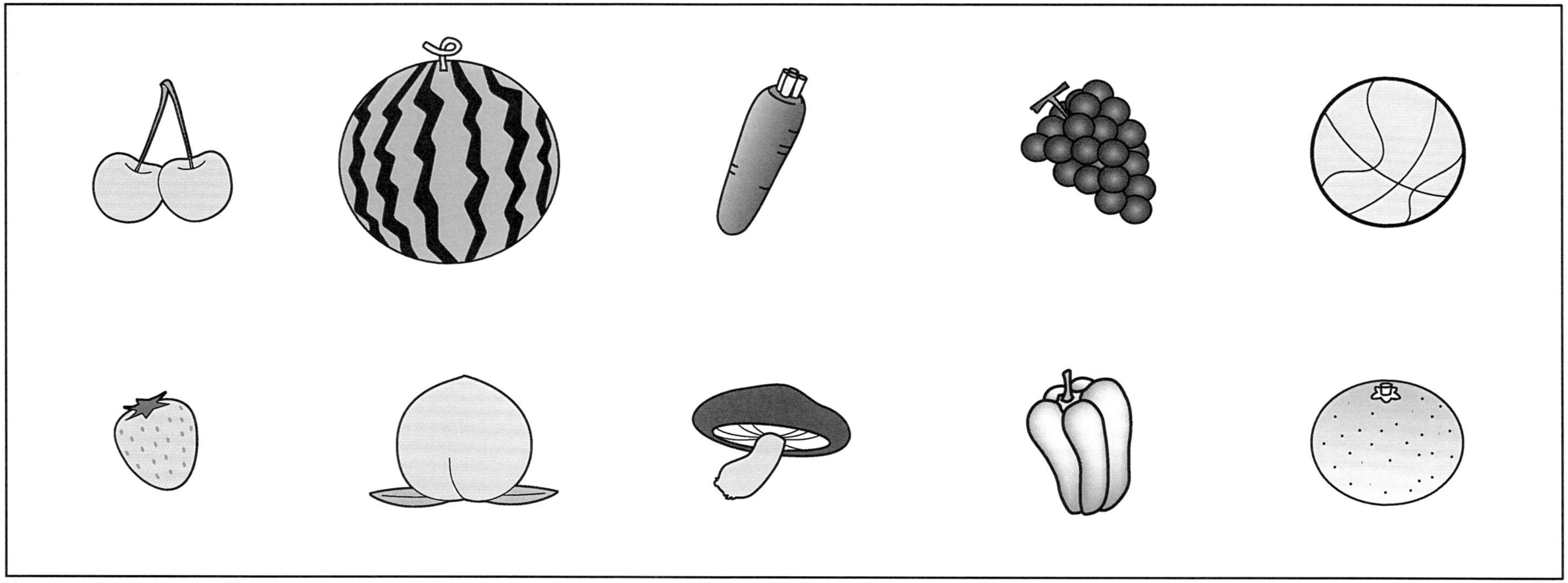

問題１１

①

②

③

④

⑤

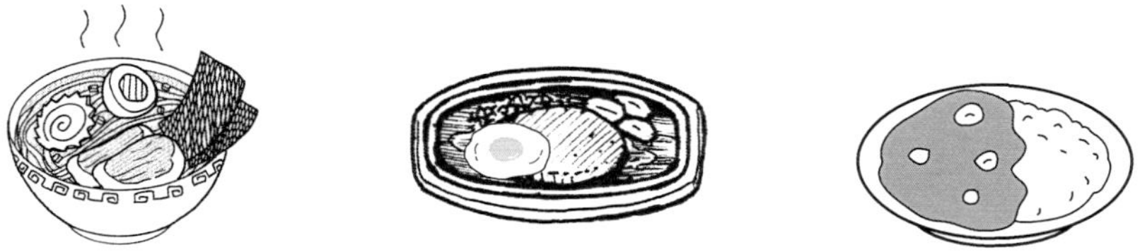

⑥

⑦

⑧

無断複製／転載を禁ずる

日本学習図書株式会社

2021 年度 東京農業大学稲花小学校 過去・対策 無断複製／転載を禁ずる 日本学習図書株式会社

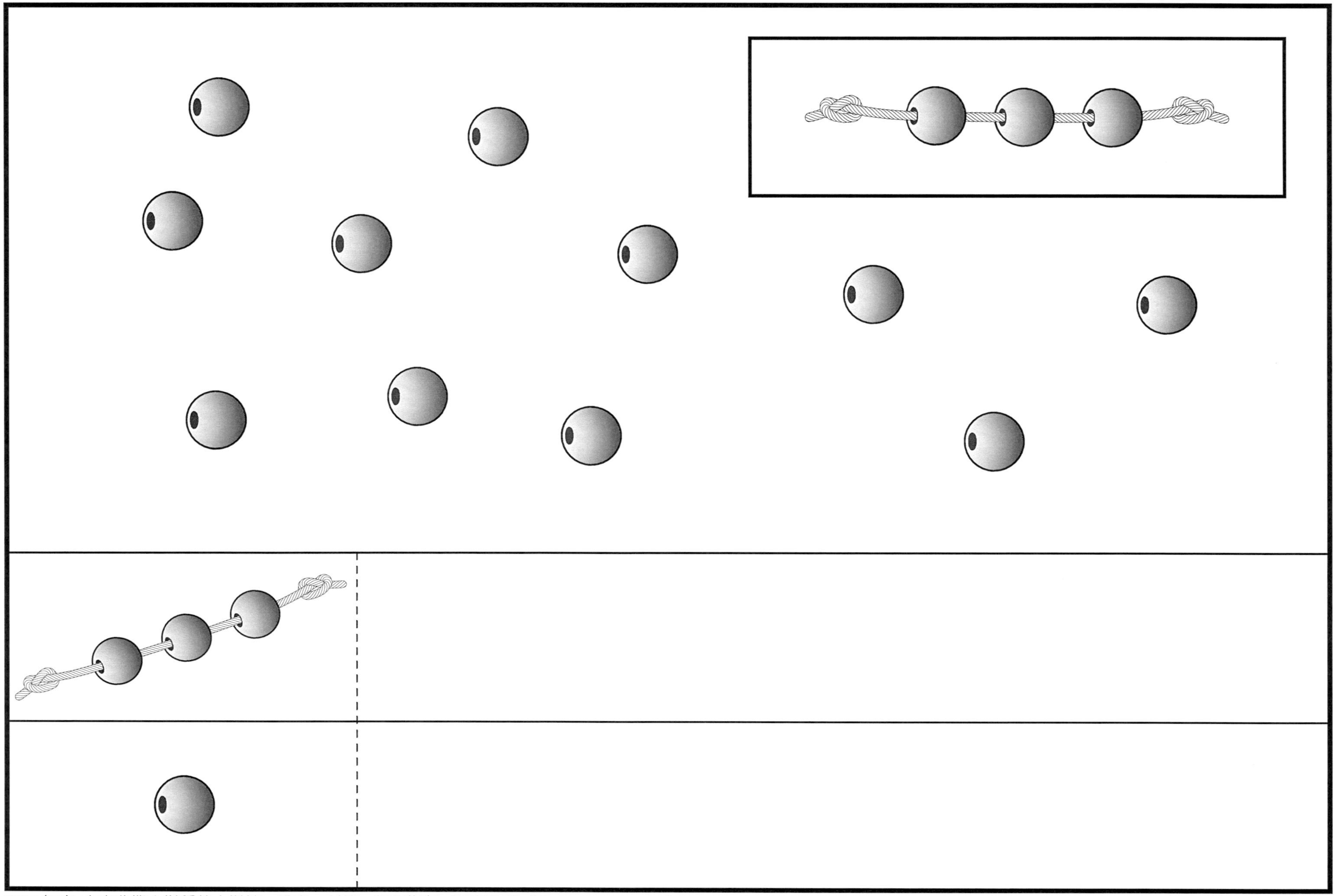

問題１３

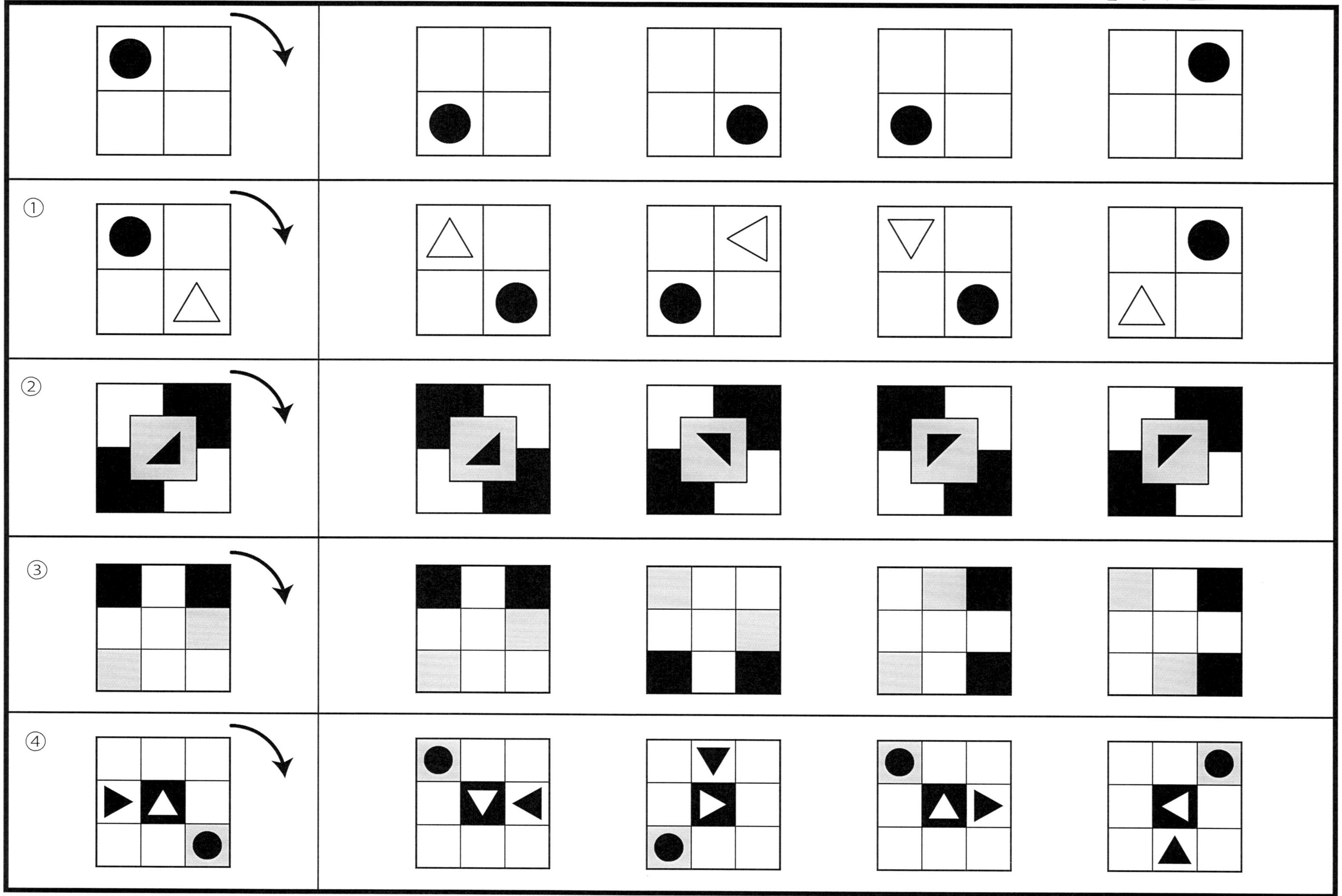

問題14

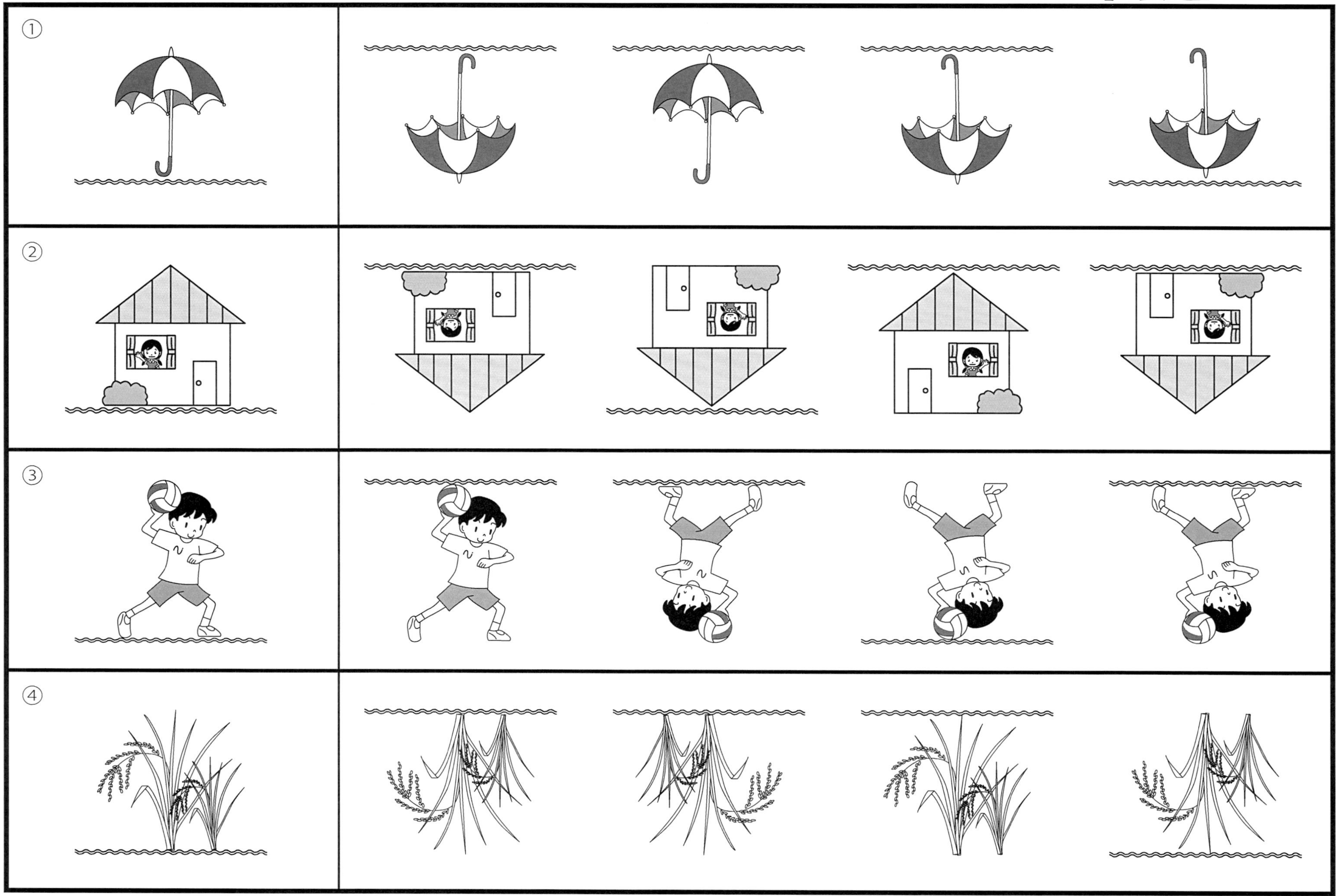

2021年度 東京農業大学稲花小学校 過去・対策 無断複製/転載を禁ずる　　日本学習図書株式会社

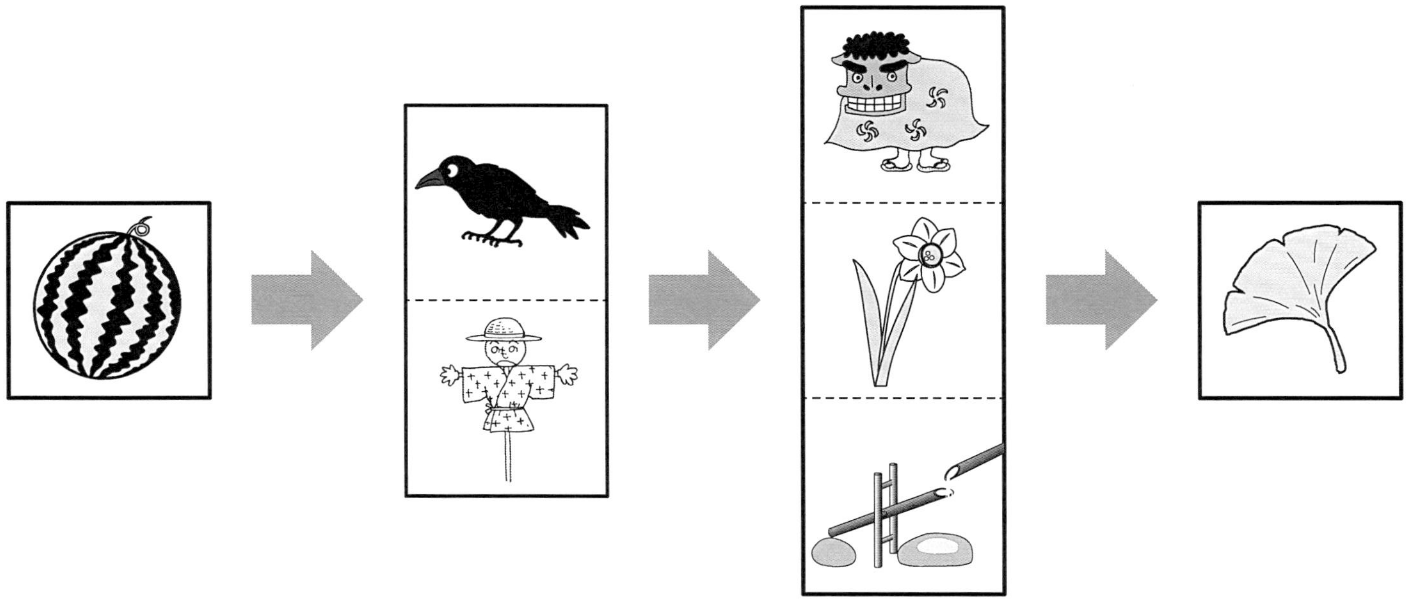

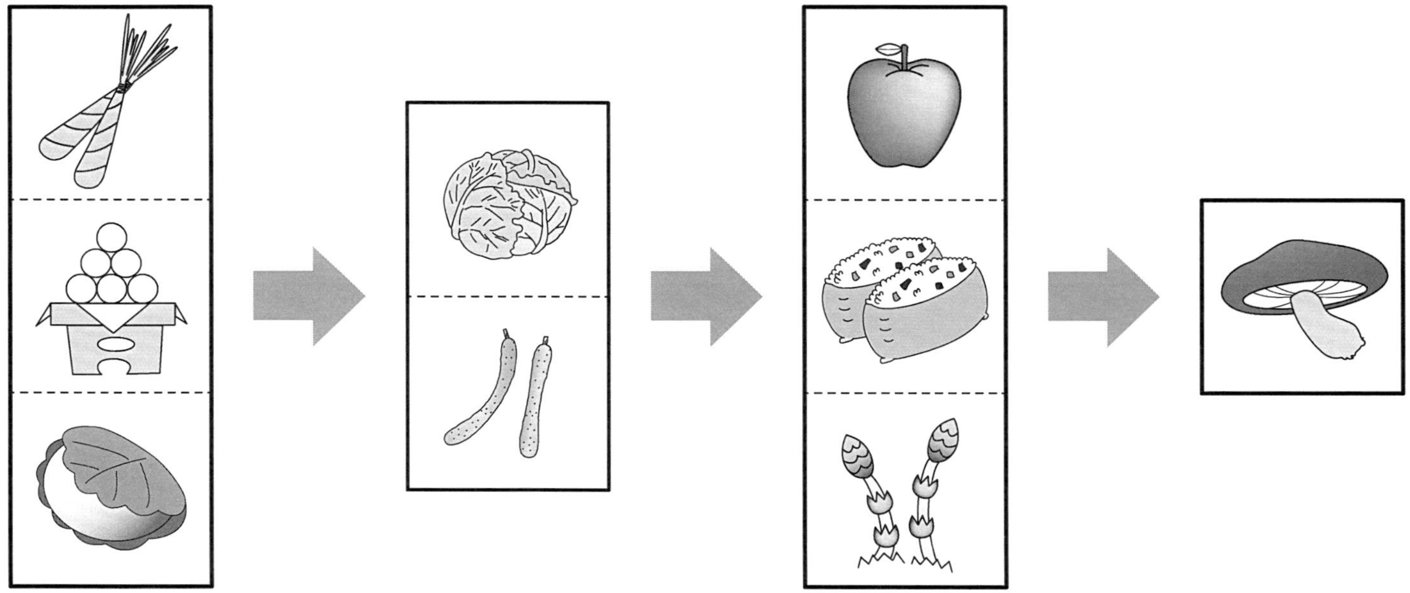

2021年度 東京農業大学稲花小学校 過去・対策 無断複製／転載を禁ずる 日本学習図書株式会社

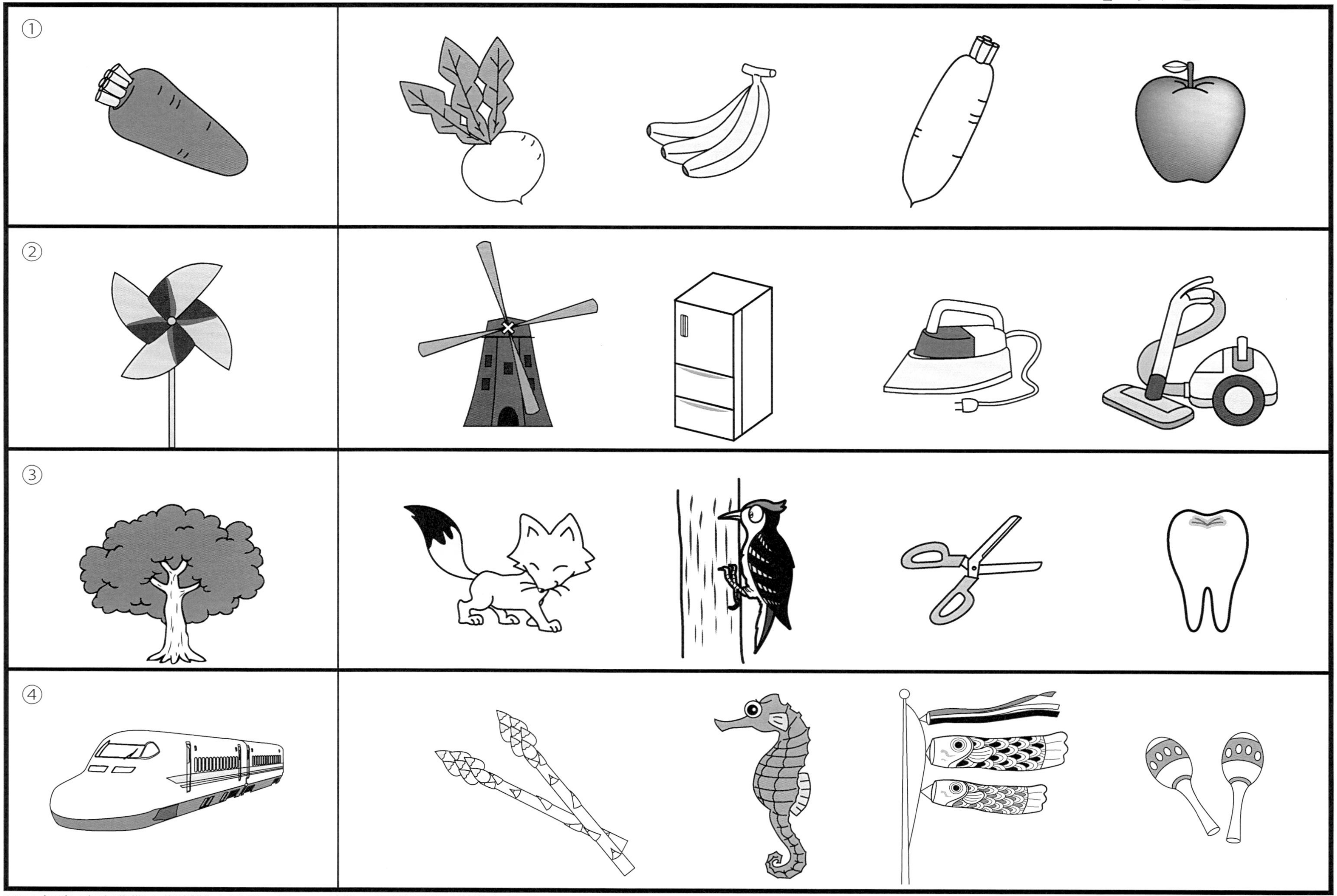

2021年度 東京農業大学稲花小学校 過去・対策 無断複製/転載を禁ずる

日本学習図書株式会社

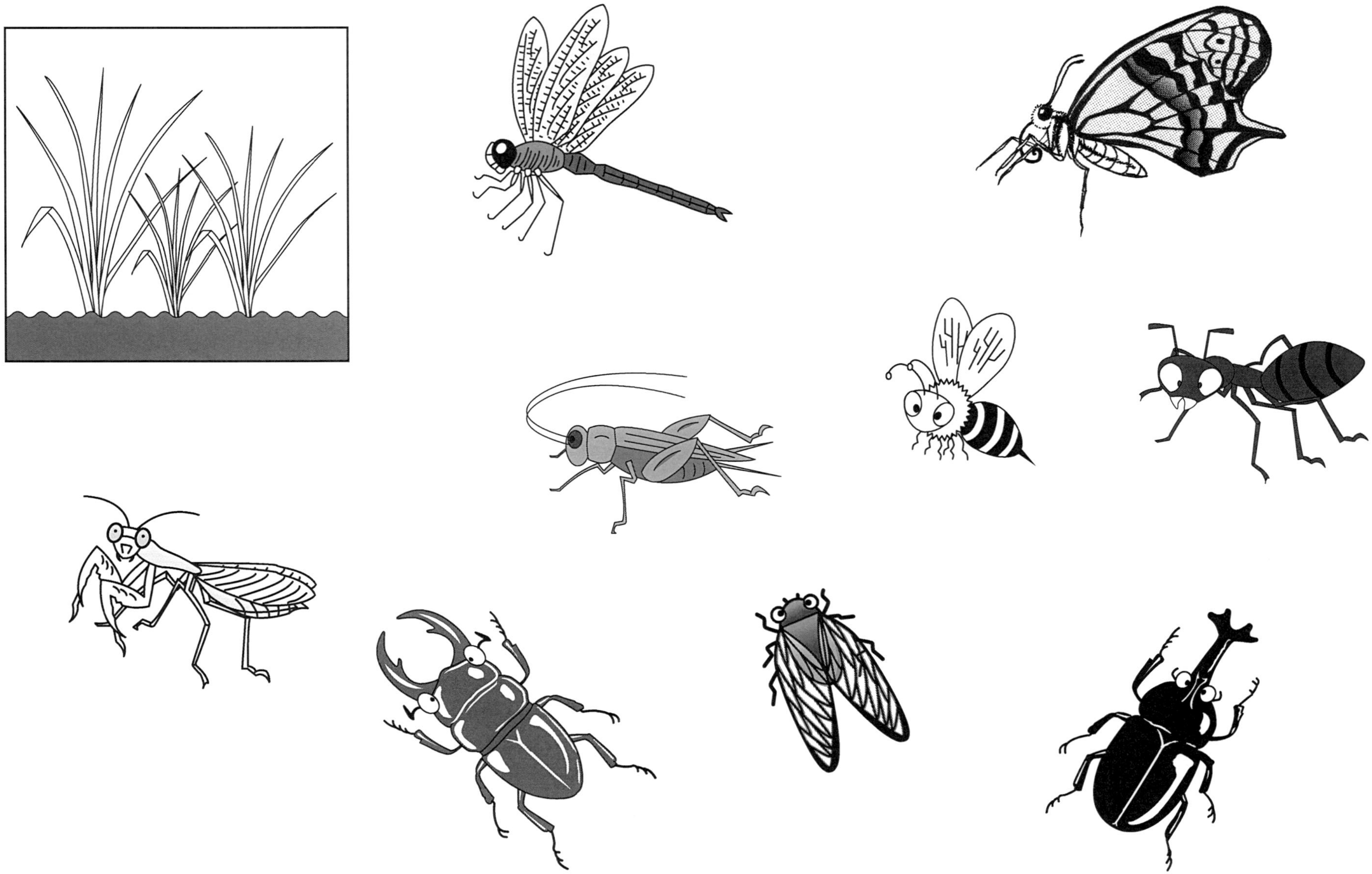

日本学習図書株式会社

2021年度 東京農業大学稲花小学校 過去・対策 無断複製／転載を禁ずる

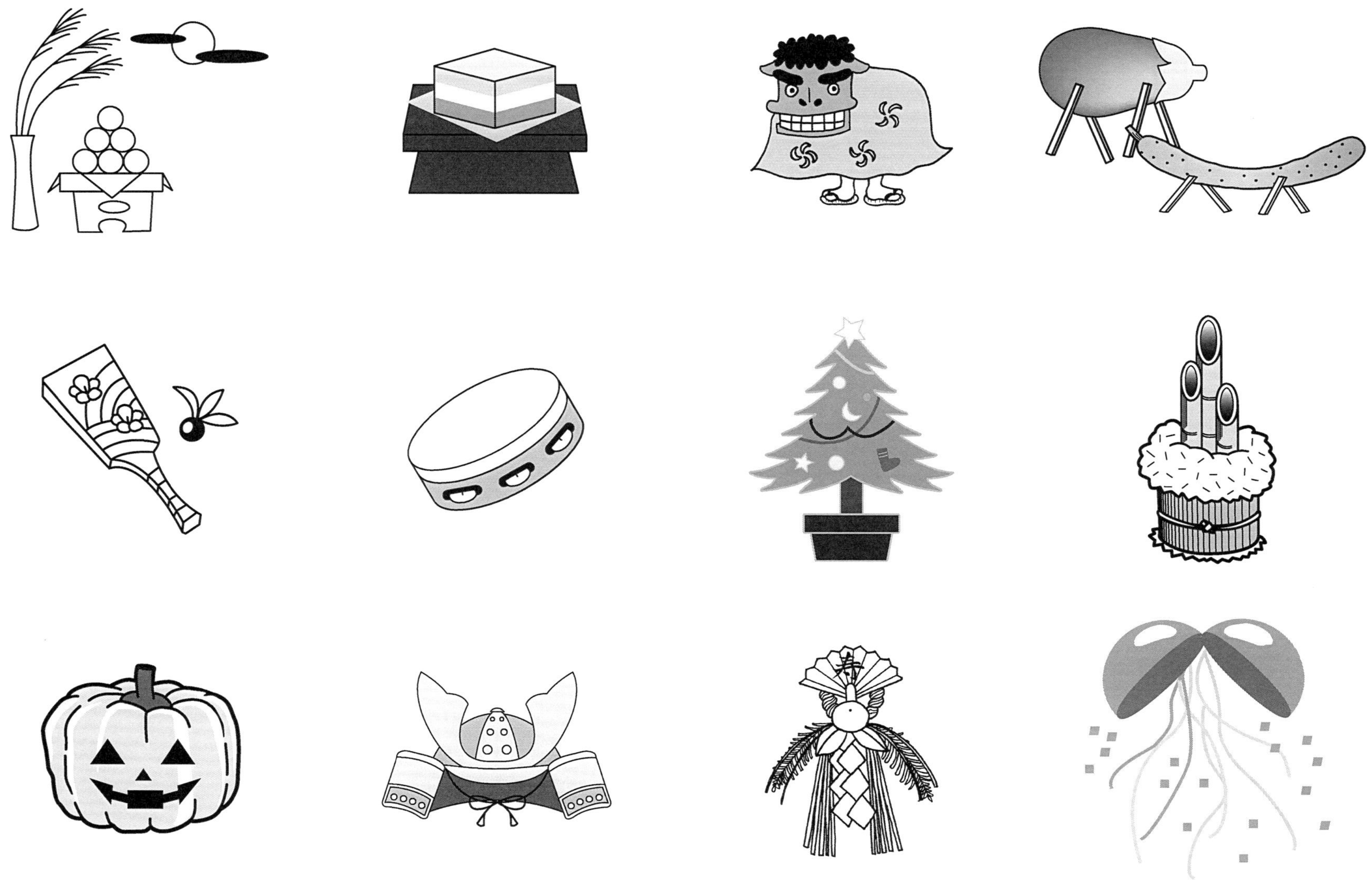

問題19

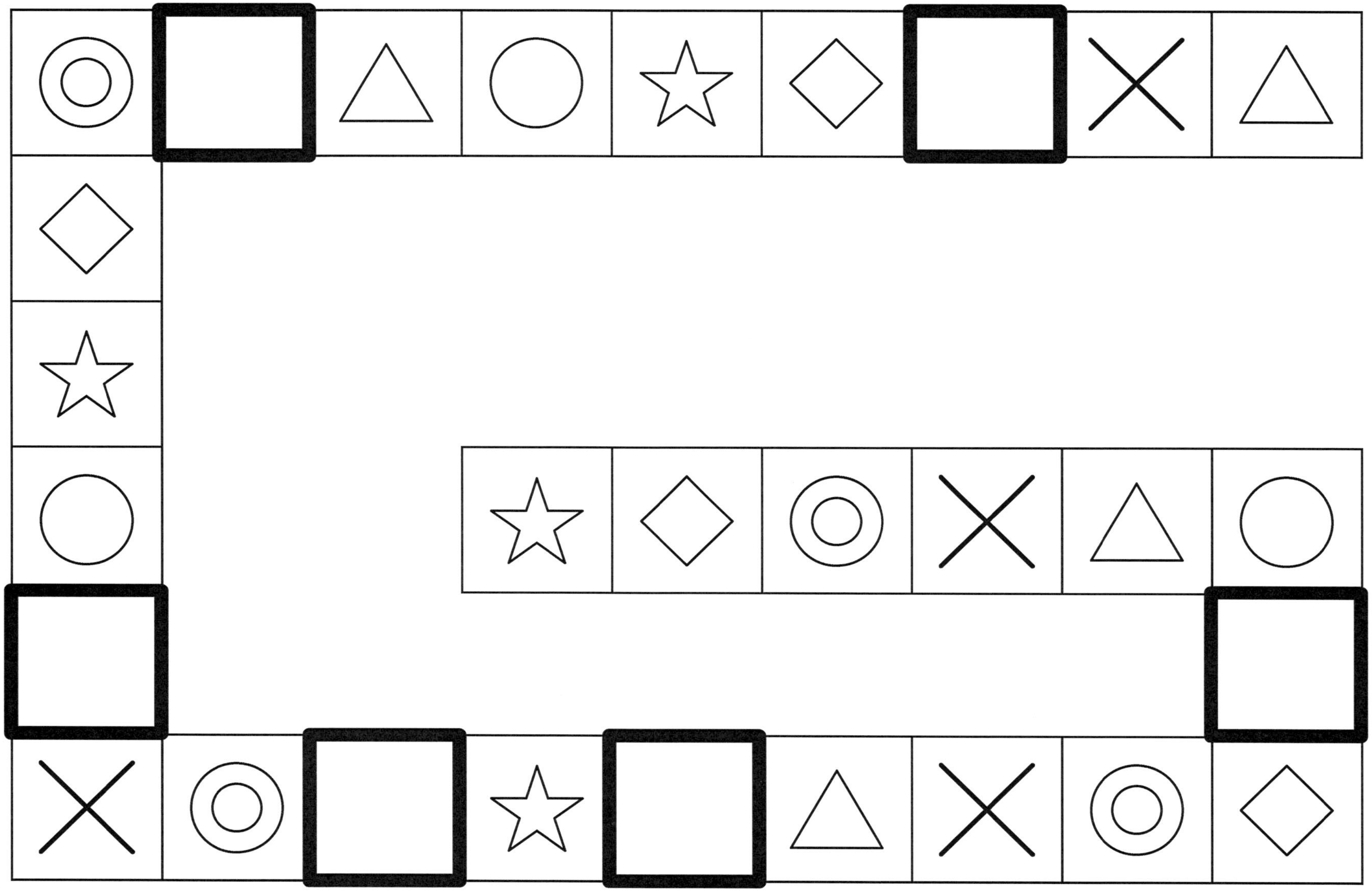

2021年度 東京農業大学稲花小学校 過去・対策 無断複製／転載を禁ずる 日本学習図書株式会社

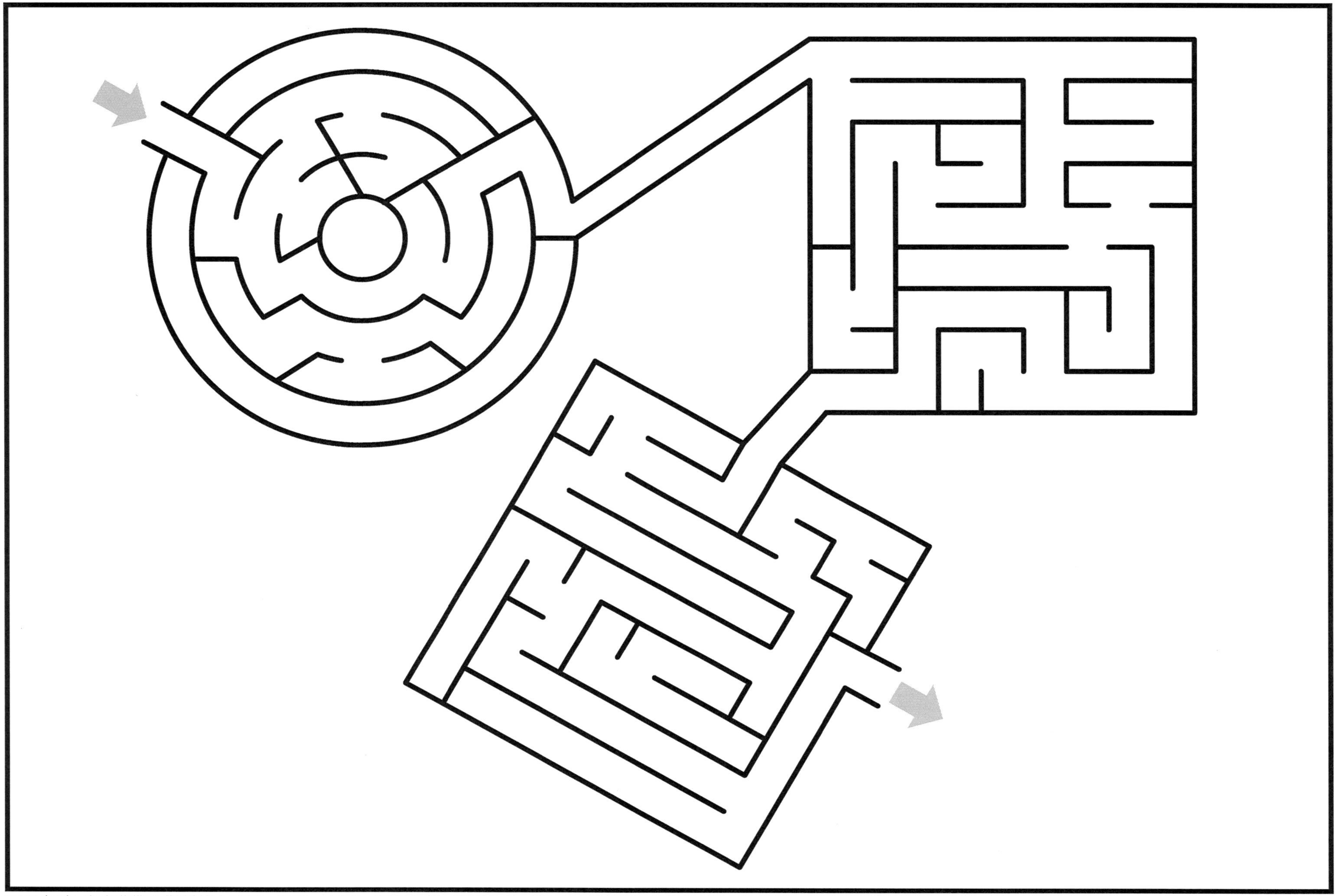

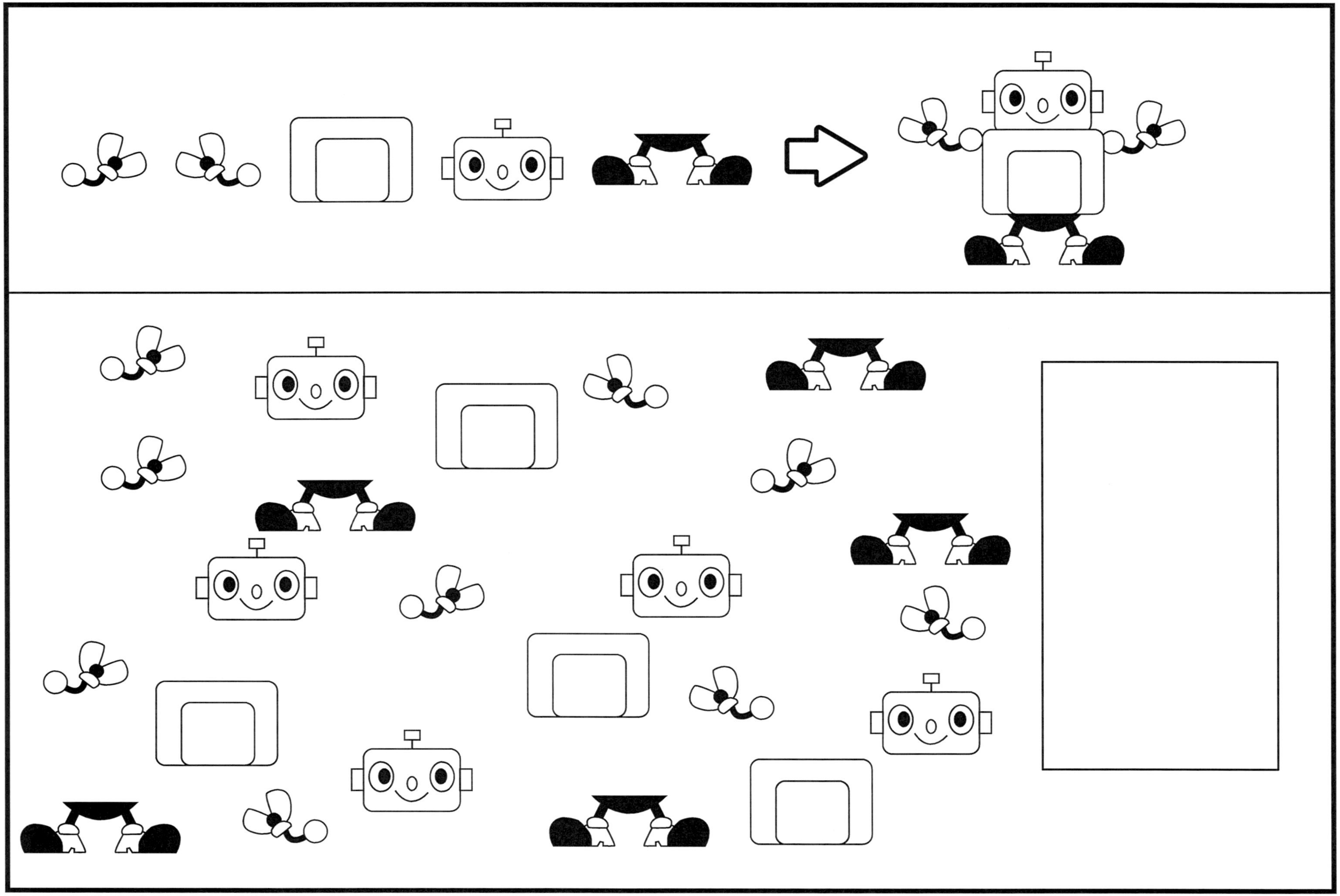

 無断複製／転載を禁ずる 日本学習図書株式会社

問題22

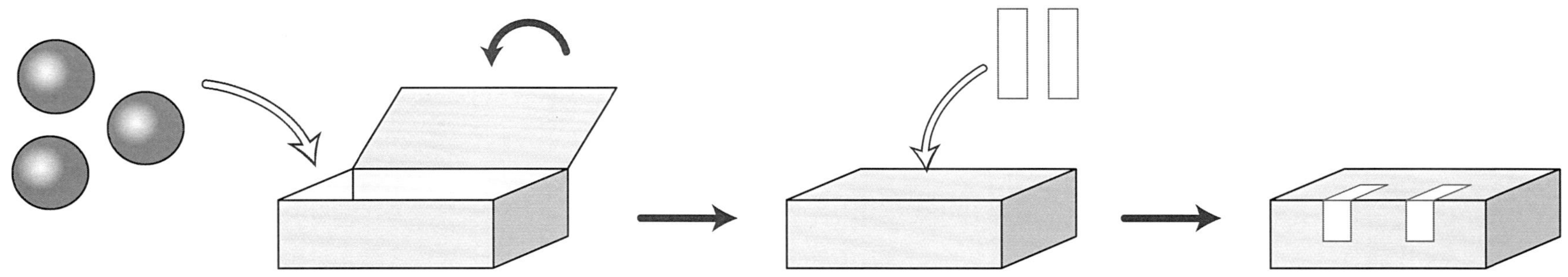

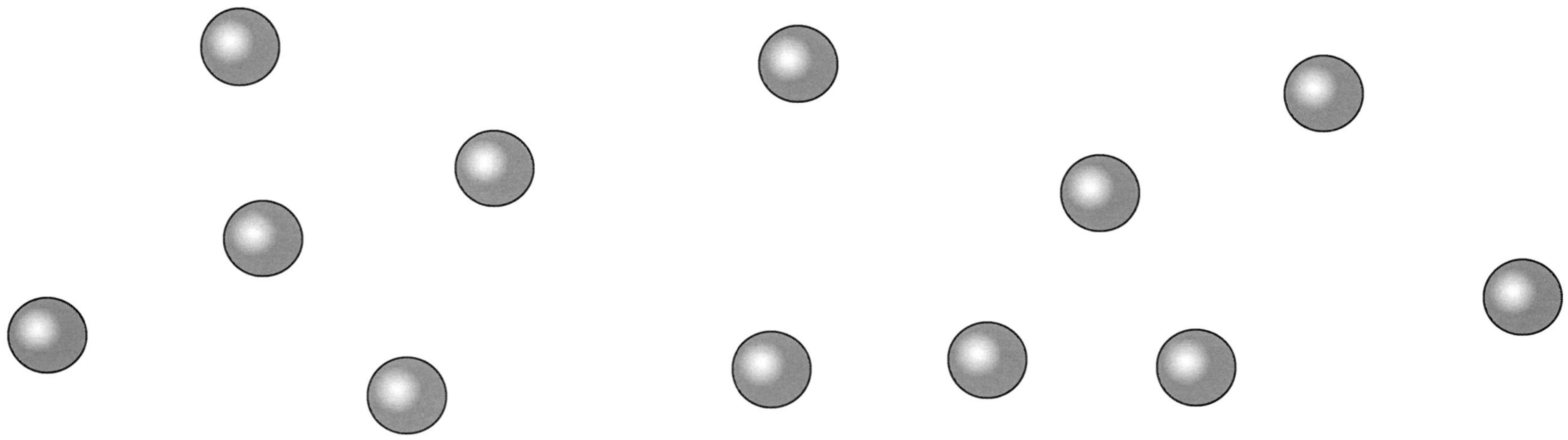

無断複製／転載を禁ずる日本学習図書株式会社

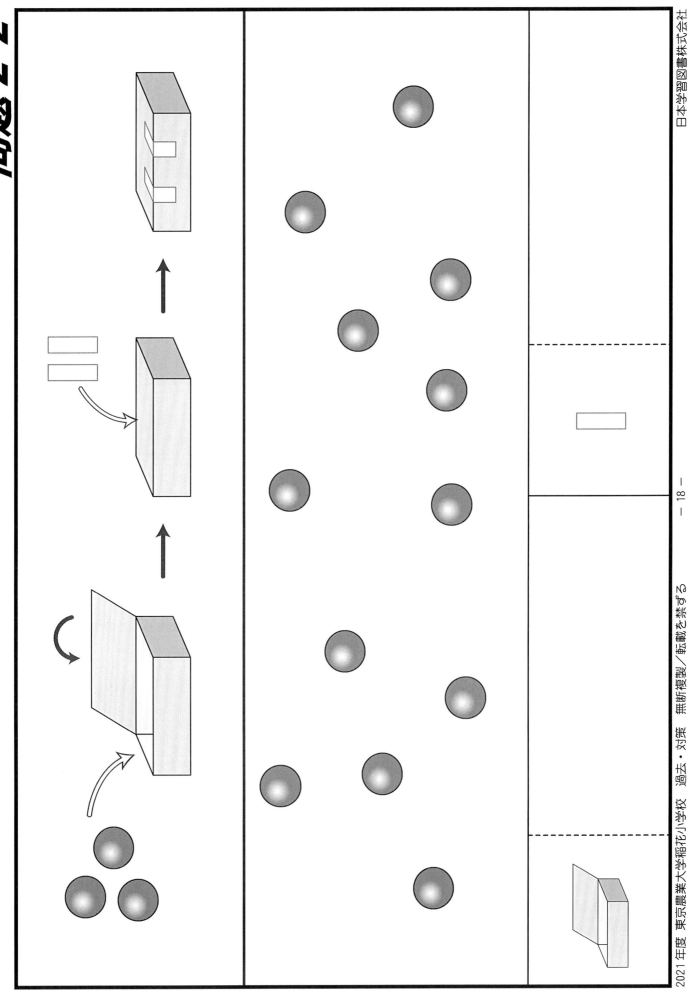

問題２３

①

②

③

④

⑤

無断複製／転載を禁ずる

問題２４

①

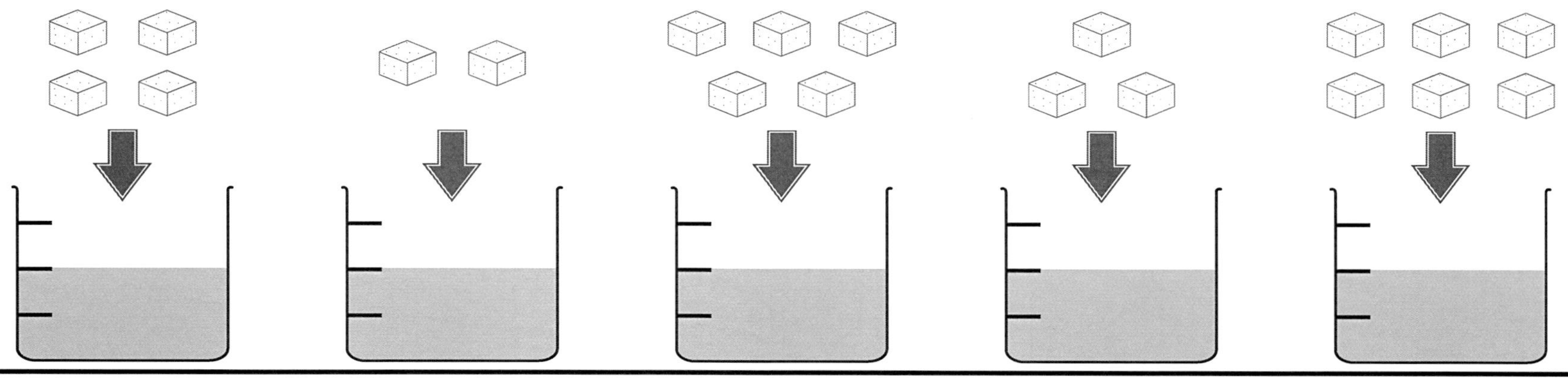

②

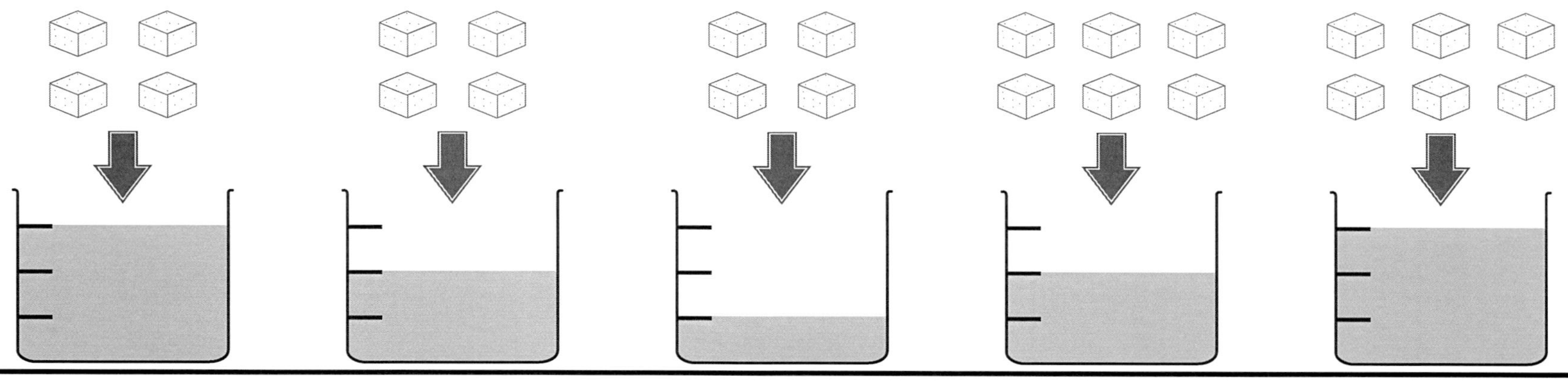

③

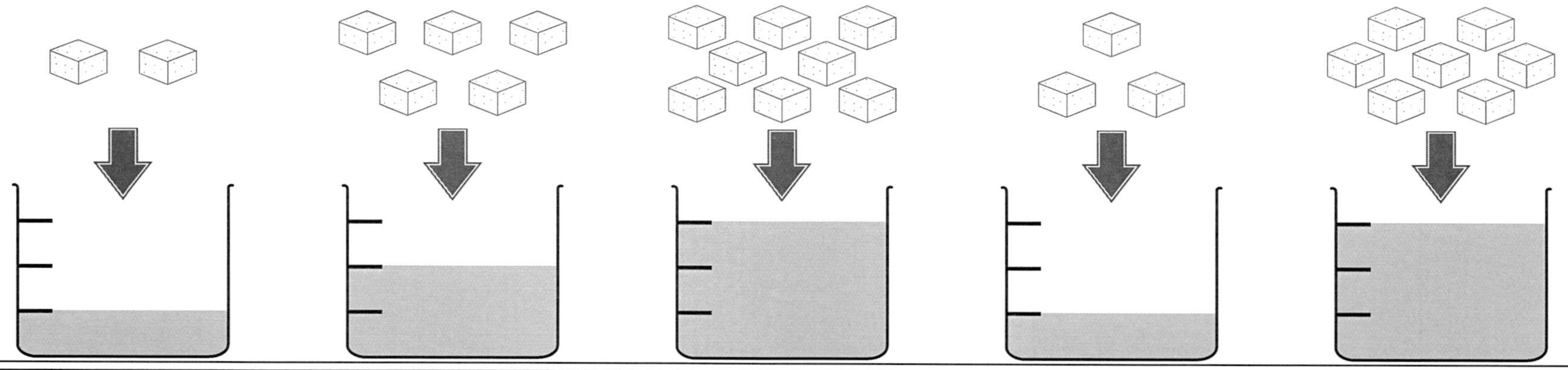

無断複製／転載を禁ずる

日本学習図書株式会社

問題25－1

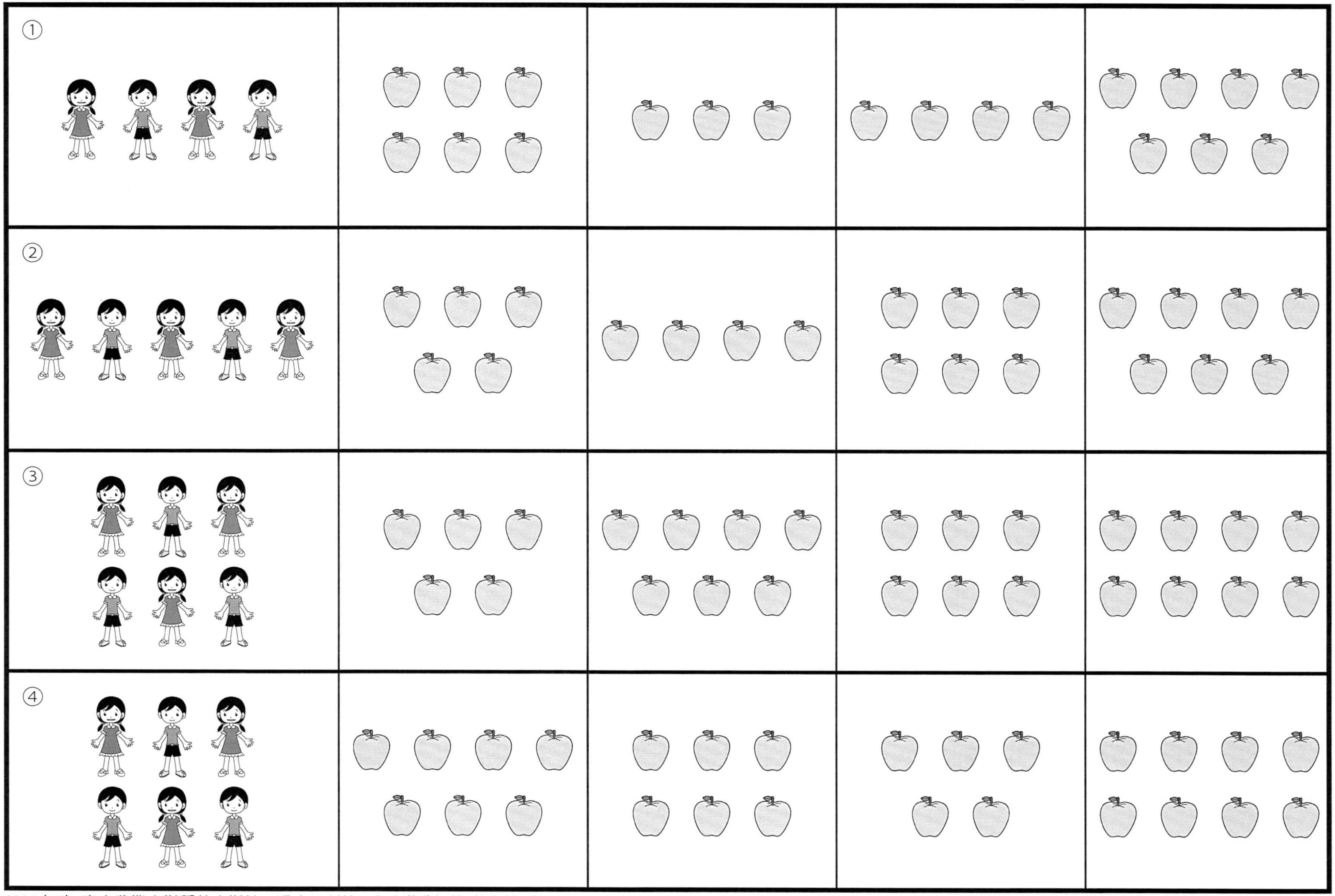

 無断複製／転載を禁ずる 日本学習図書株式会社

問題２５－２

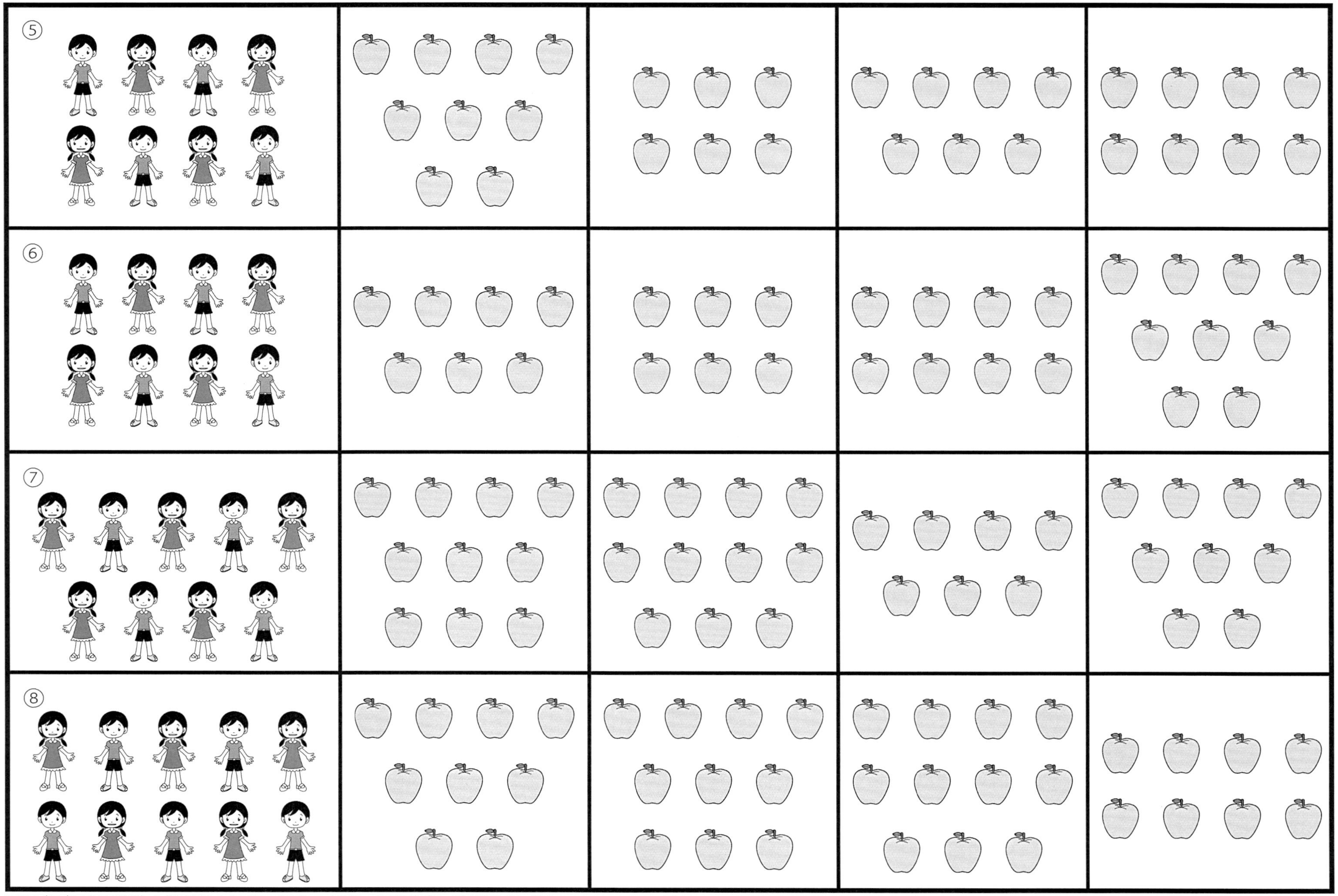

無断複製／転載を禁ずる

日本学習図書株式会社

2021年度 東京農業大学稲花小学校 過去・対策 無断複製/転載を禁ずる　　日本学習図書株式会社

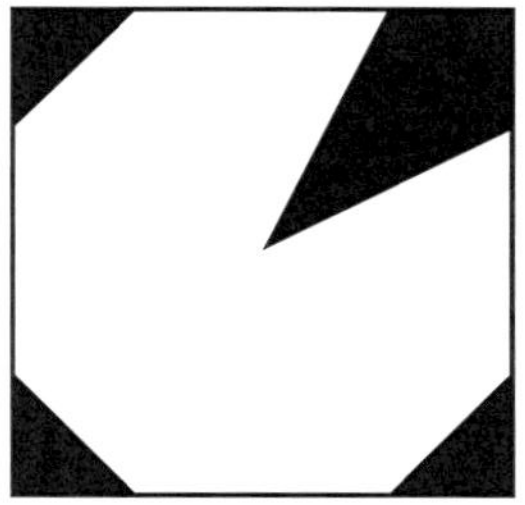

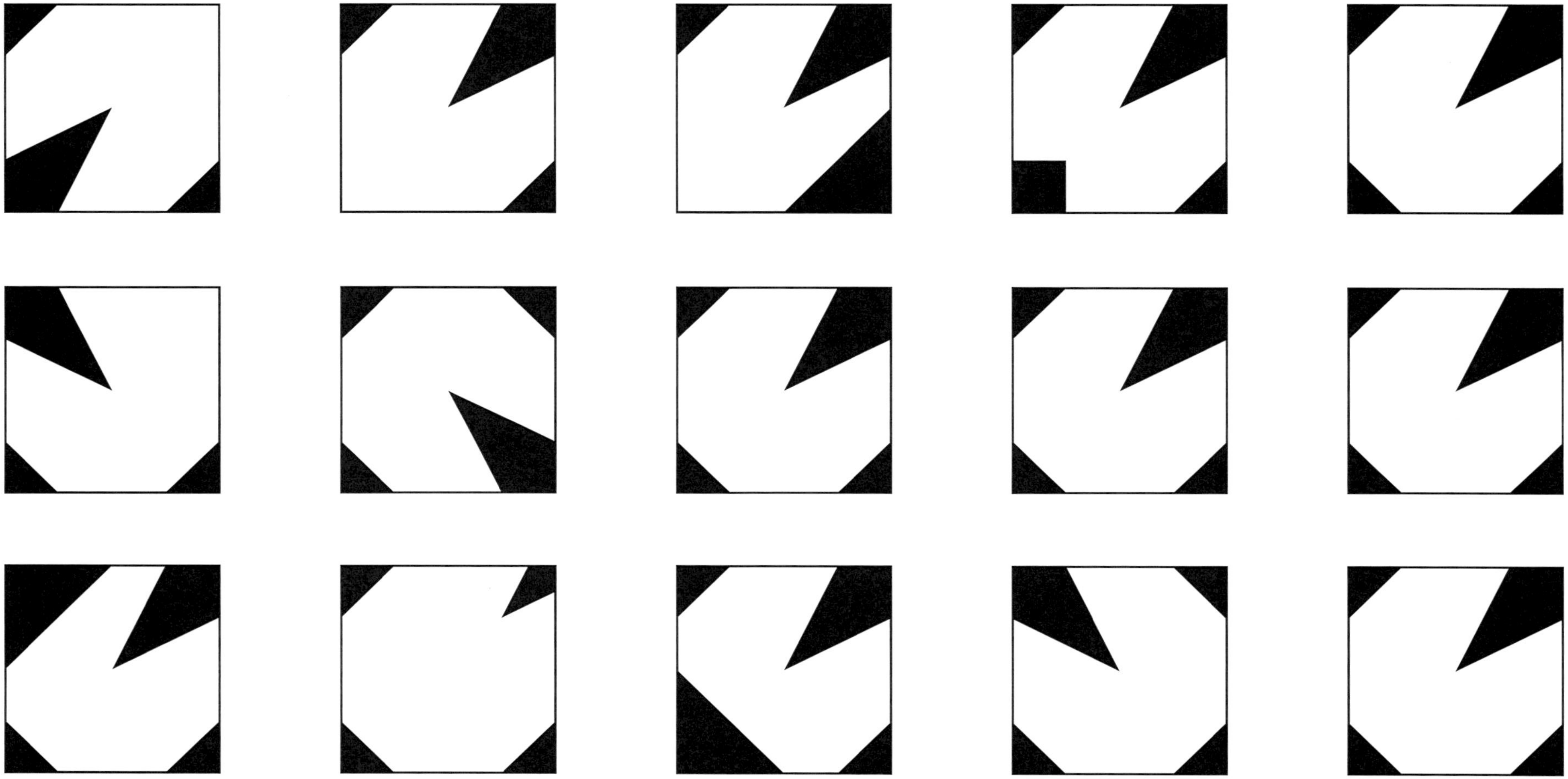

2021年度 東京農業大学稲花小学校 過去・対策 無断複製／転載を禁ずる 日本学習図書株式会社

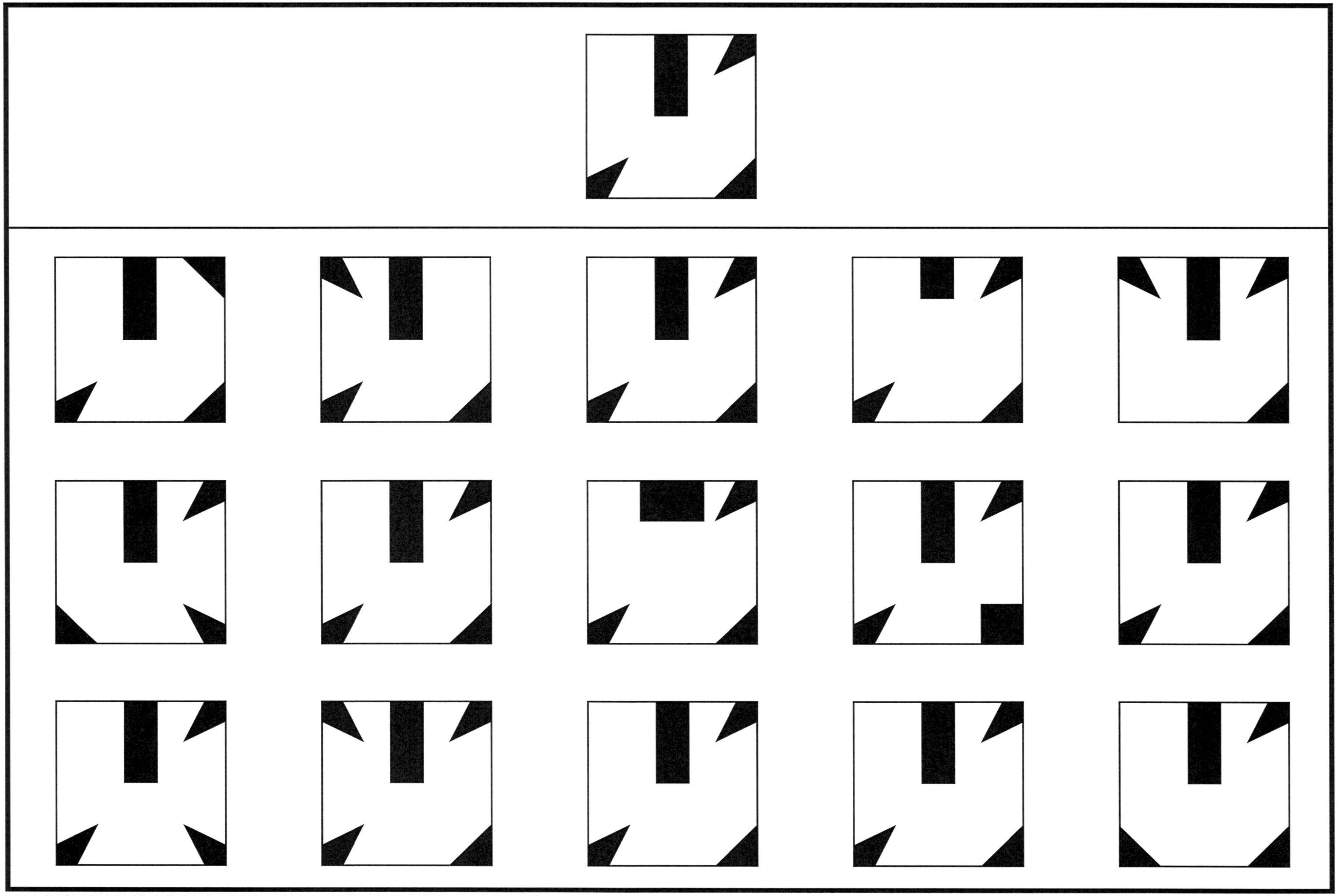

問題２７

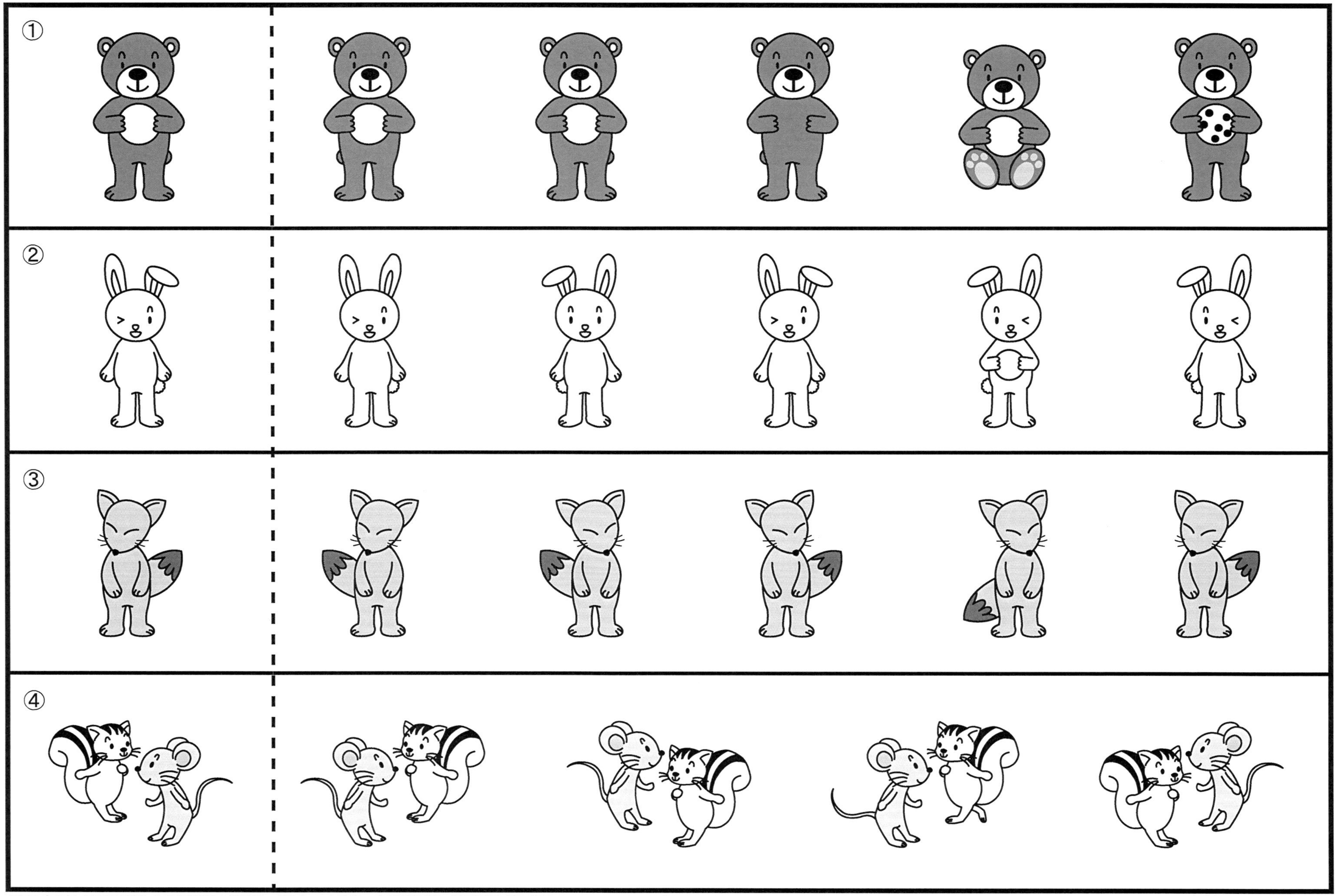

2021年度 東京農業大学稲花小学校 過去・対策 無断複製／転載を禁ずる　日本学習図書株式会社

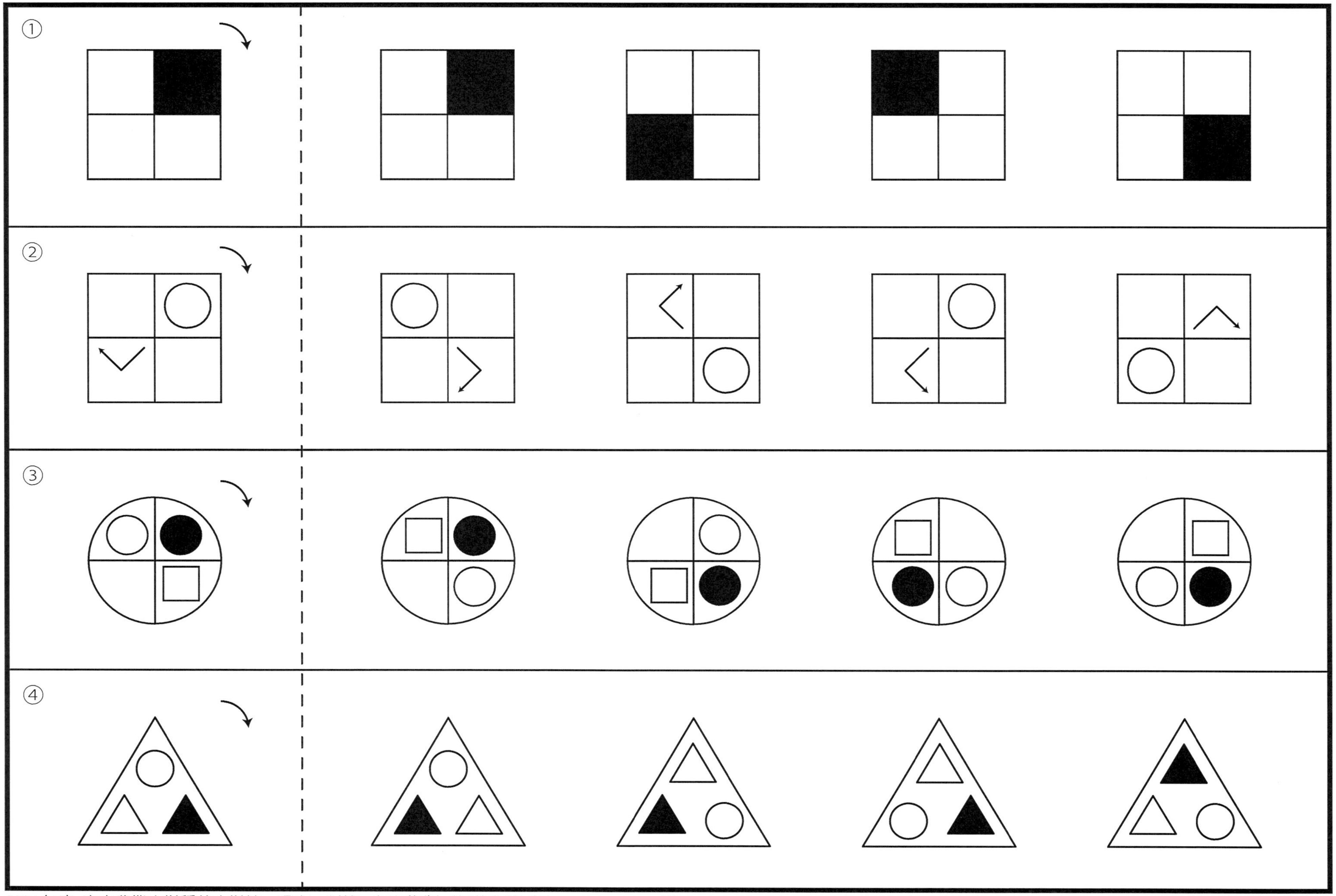

2021 年度 東京農業大学稲花小学校 過去・対策 無断複製／転載を禁ずる ー 27 ー 日本学習図書株式会社

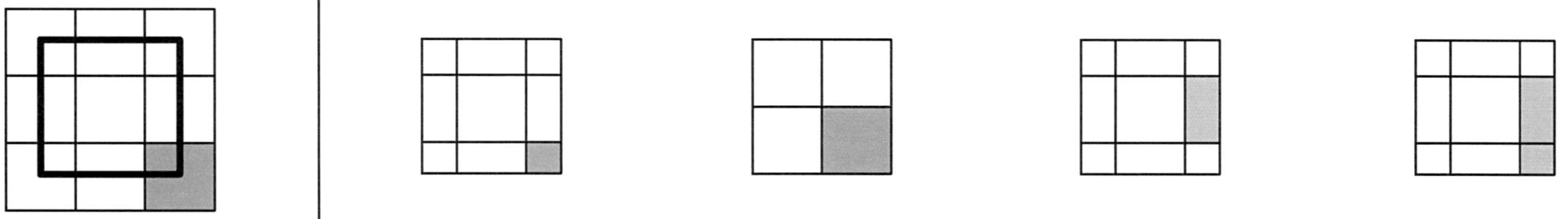

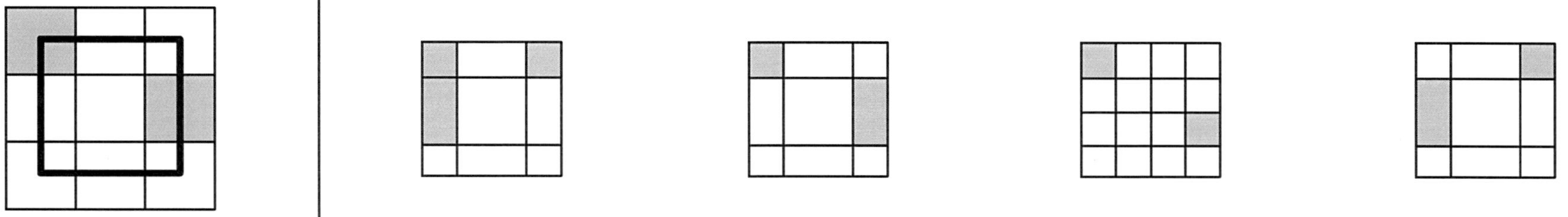

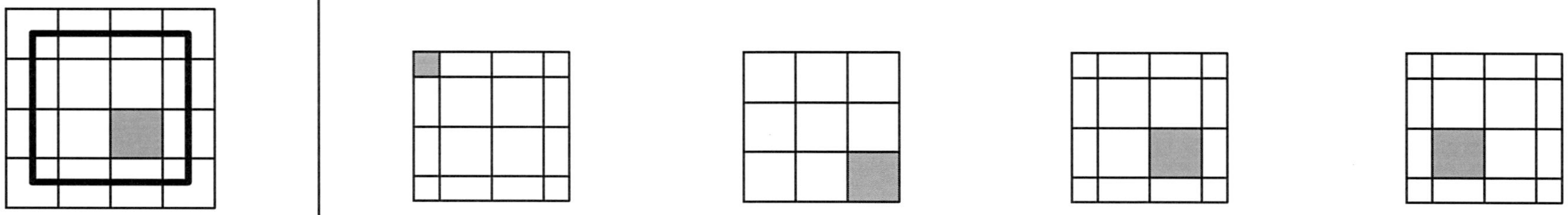

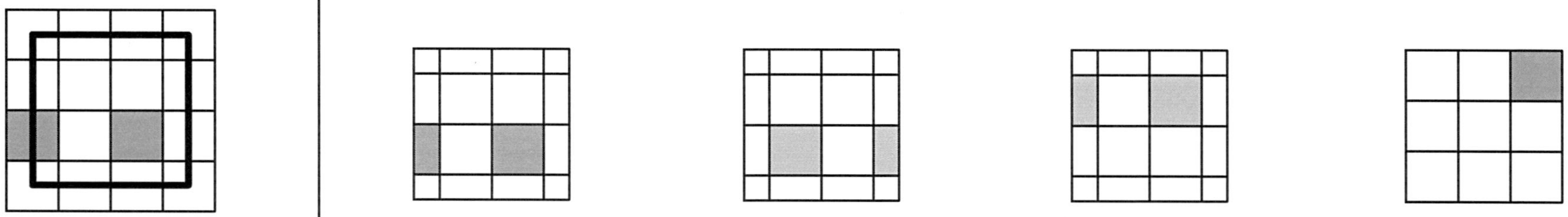

問題３０

①

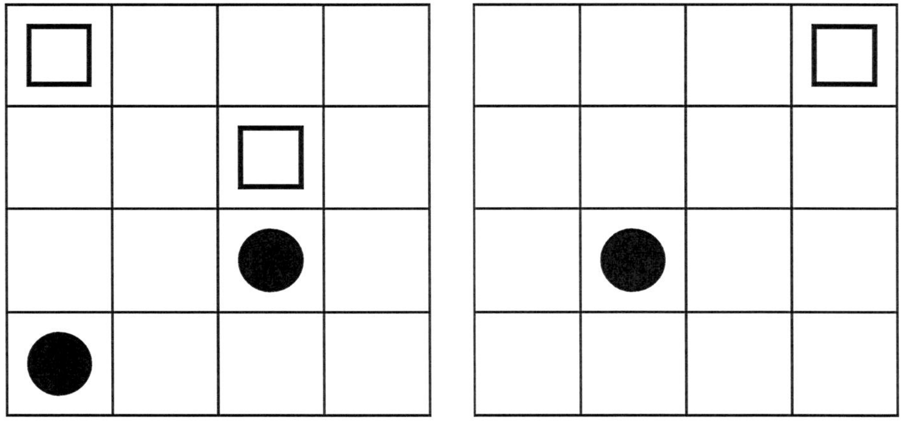

②

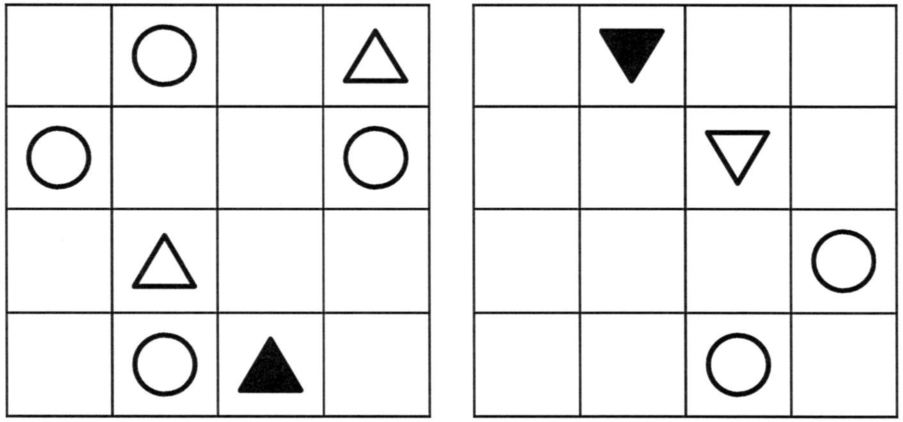

③

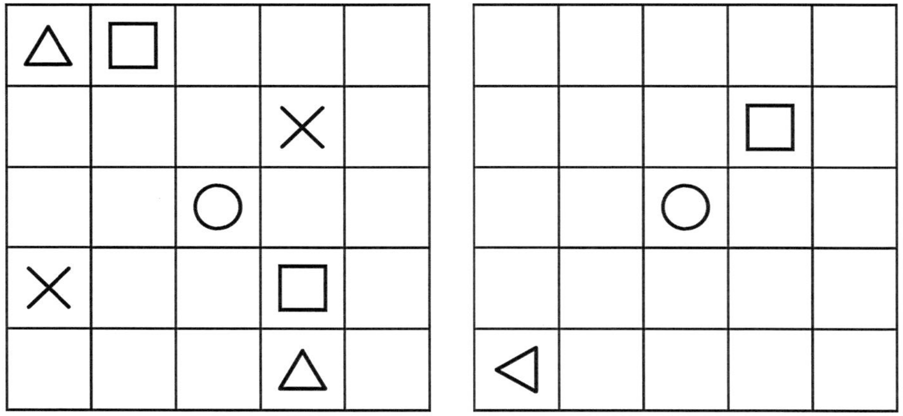

④

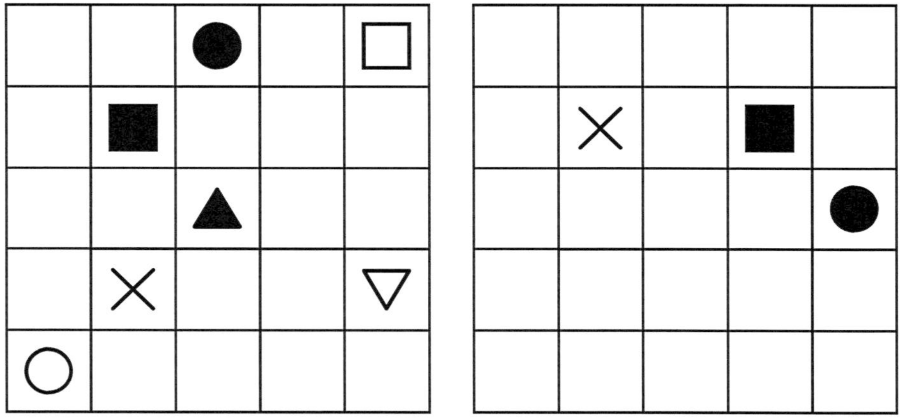

　無断複製／転載を禁ずる　　日本学習図書株式会社

2021年度 東京農業大学稲花小学校 過去・対策 無断複製／転載を禁ずる 日本学習図書株式会社

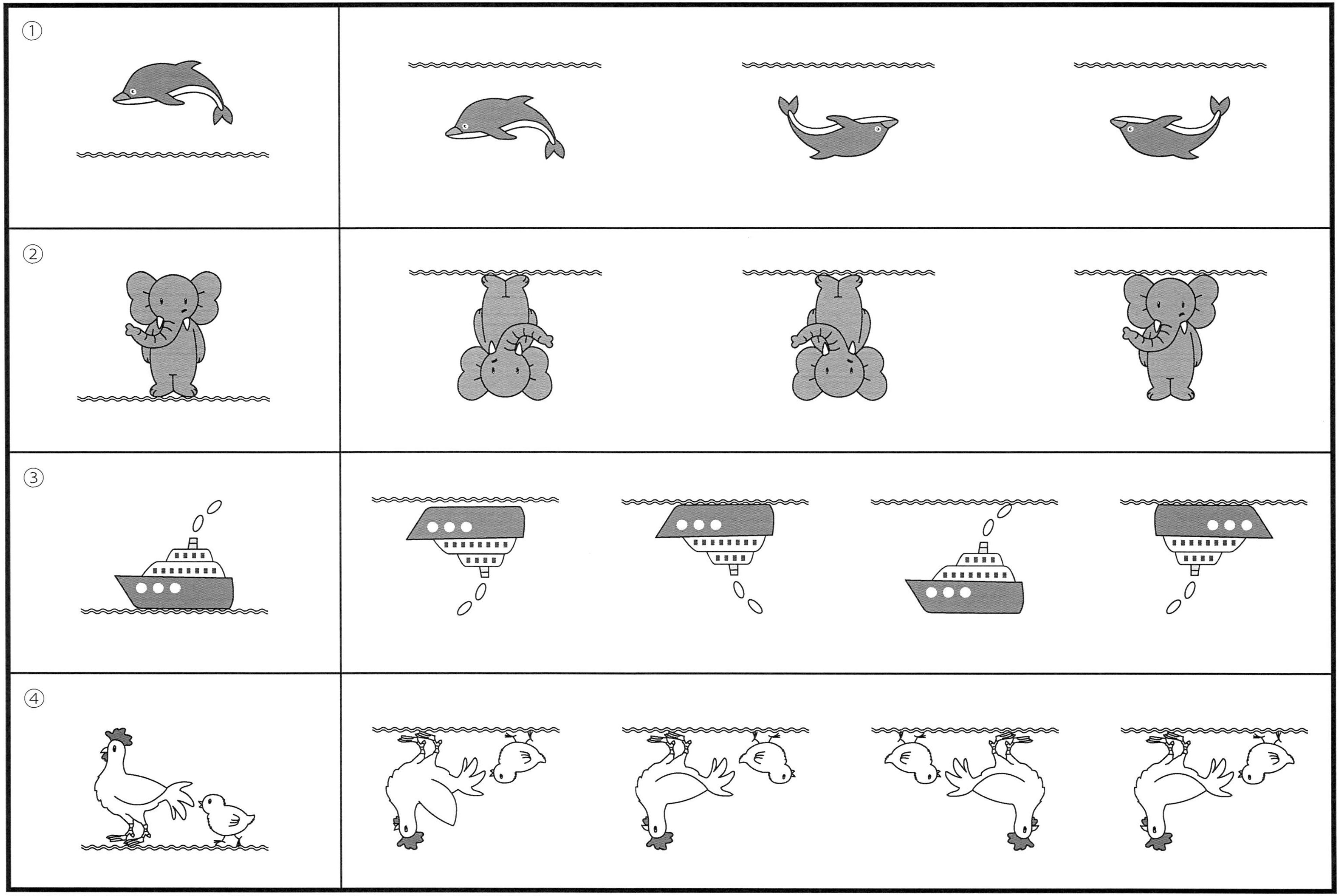

2021年度 東京農業大学稲花小学校 過去・対策 無断複製／転載を禁ずる 日本学習図書株式会社

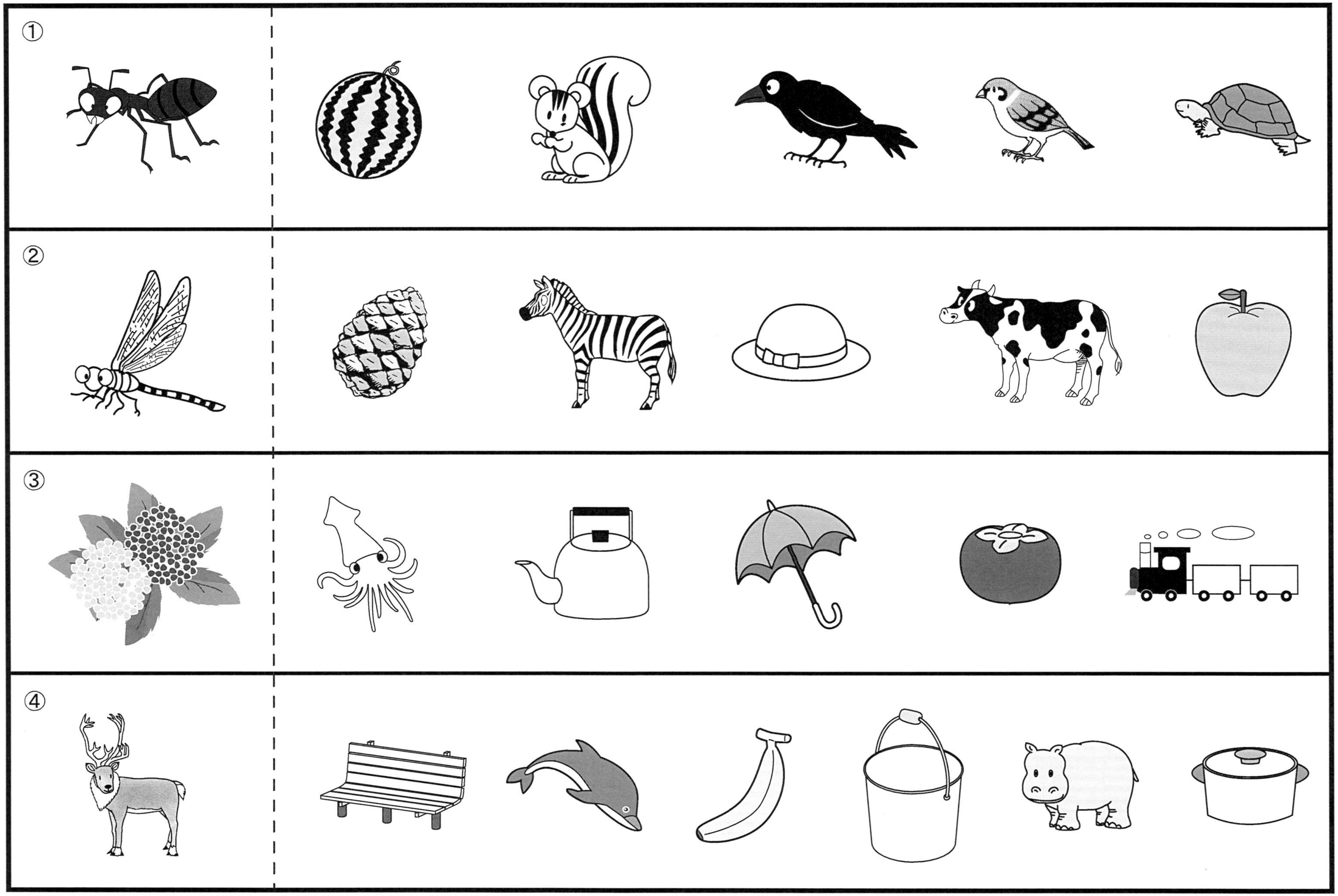

問題33

① ②

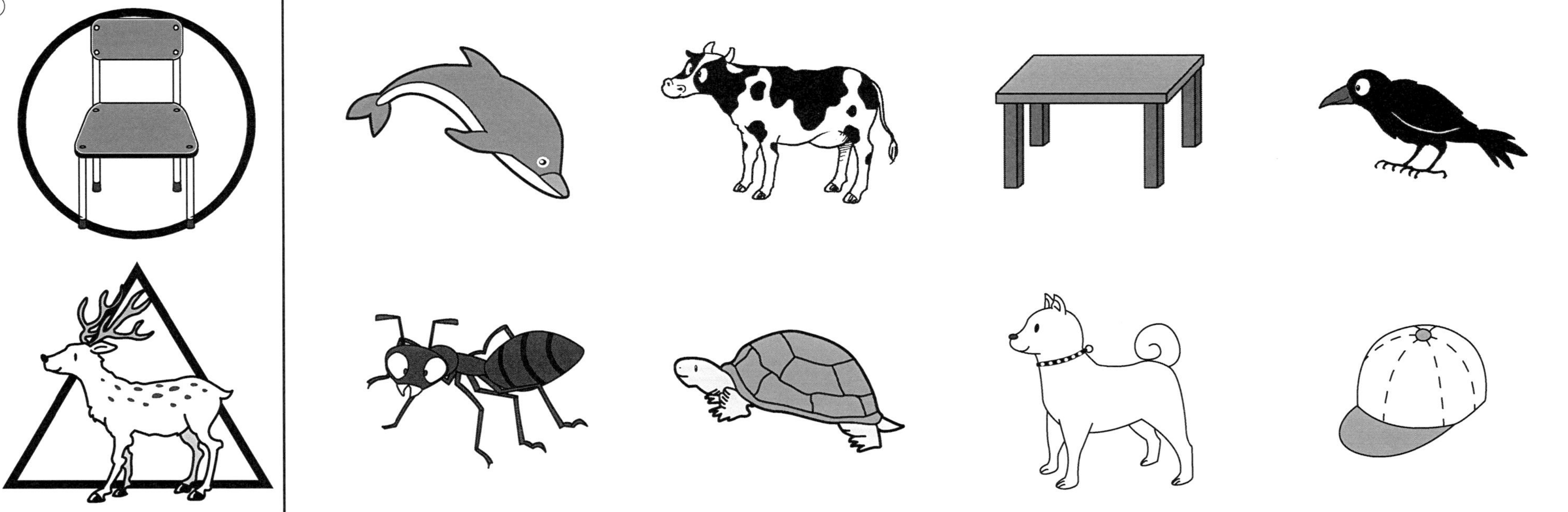

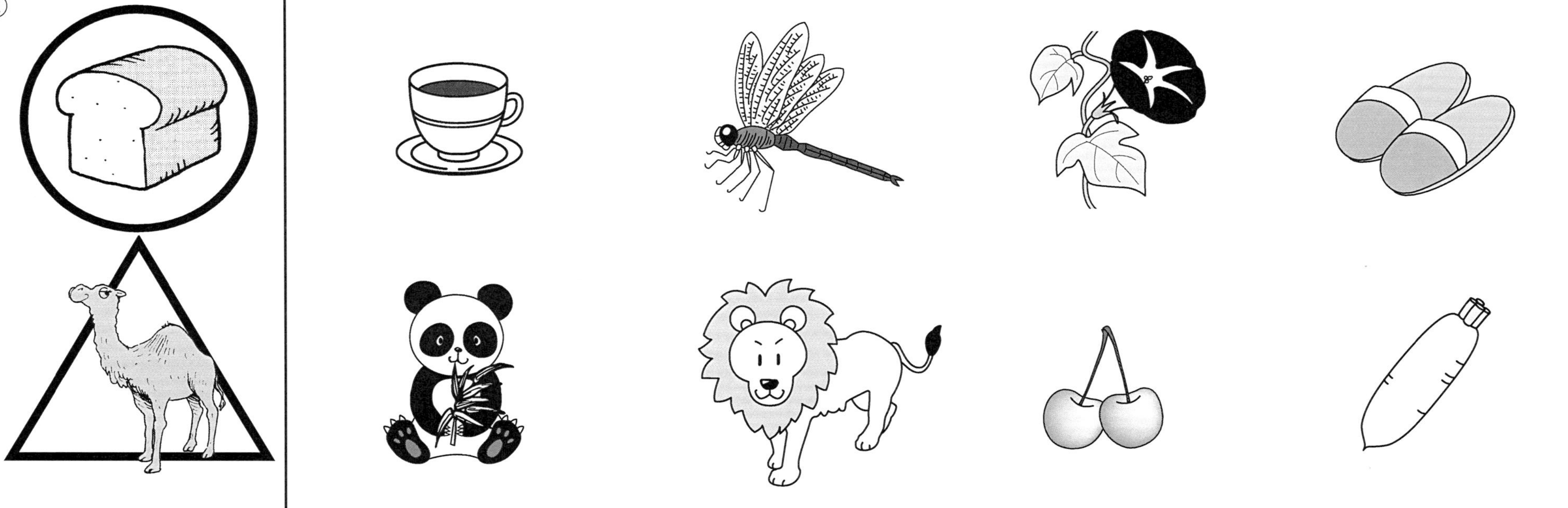

日本学習図書株式会社

2021年度 東京農業大学稲花小学校 過去・対策 無断複製／転載を禁ずる

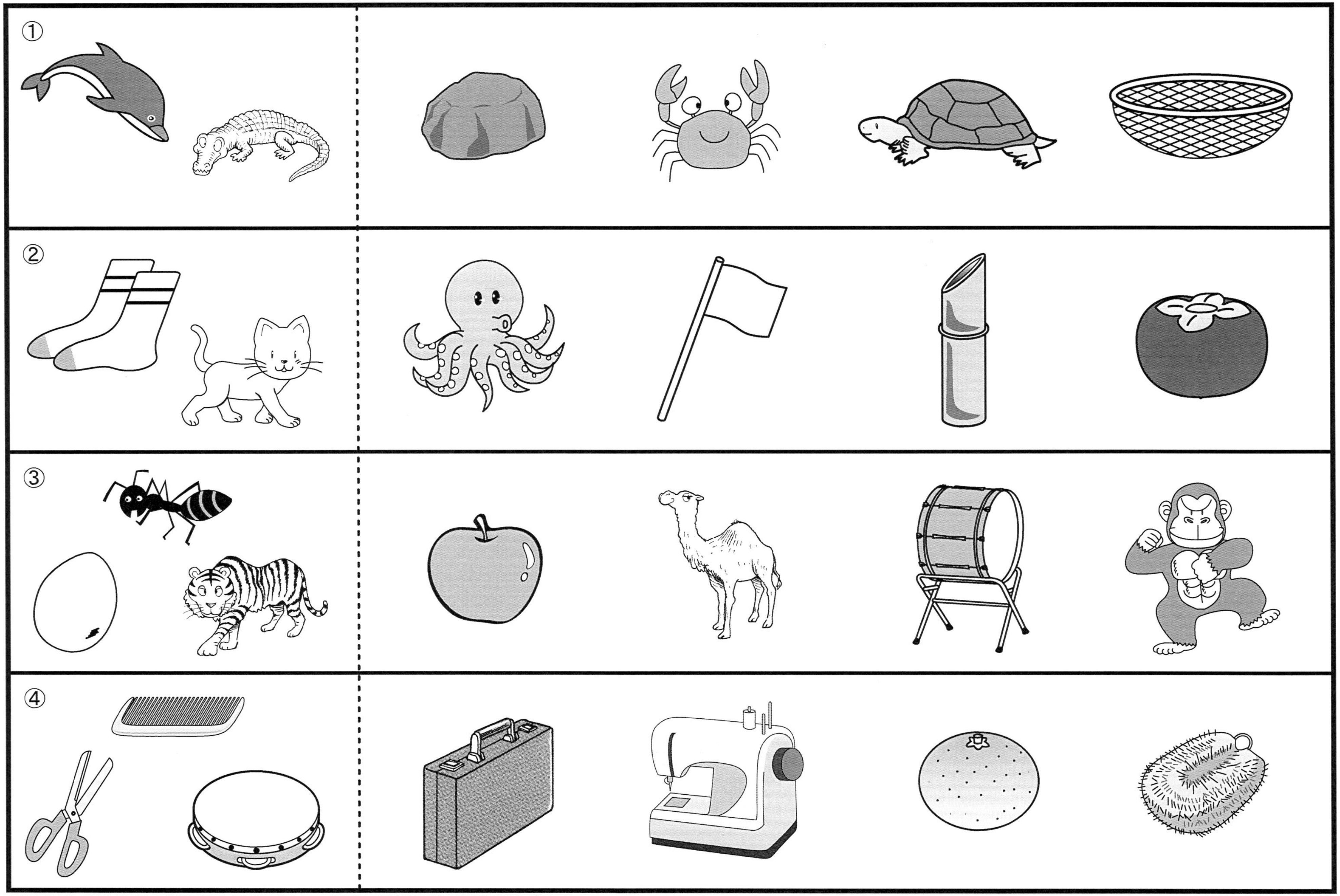

問題３５

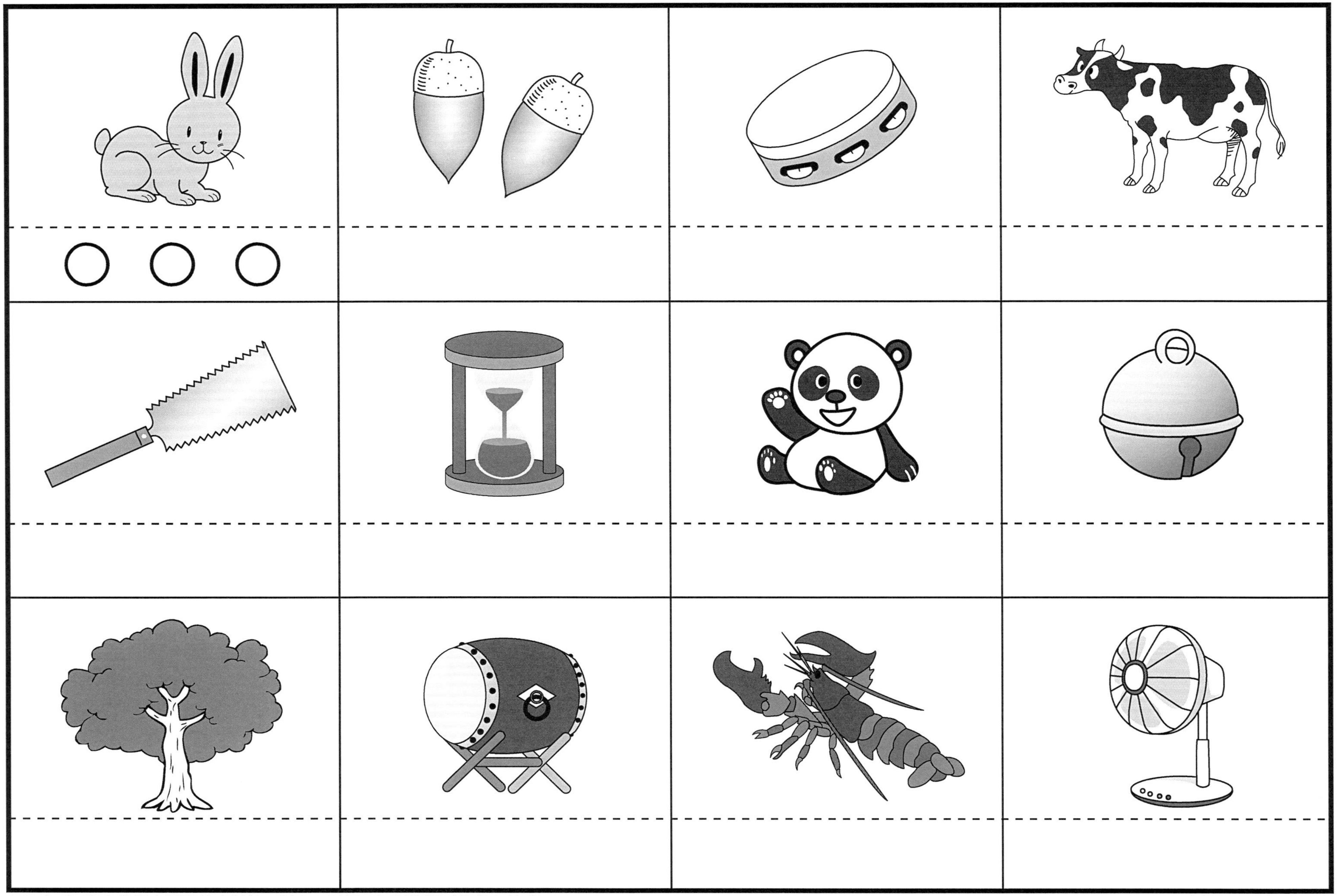

 無断複製／転載を禁ずる

日本学習図書株式会社

2021年度 東京農業大学稲花小学校 過去・対策 無断複製／転載を禁ずる　日本学習図書株式会社

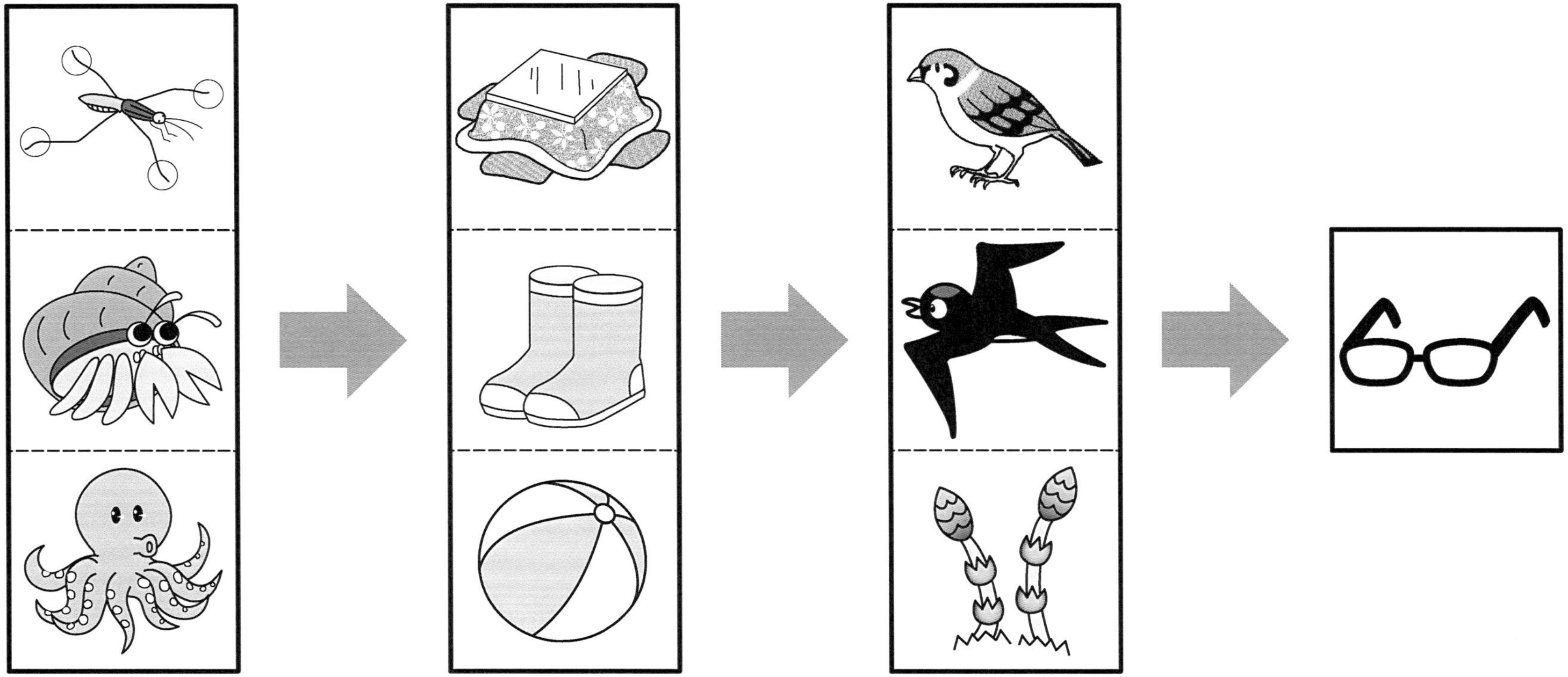

③

②

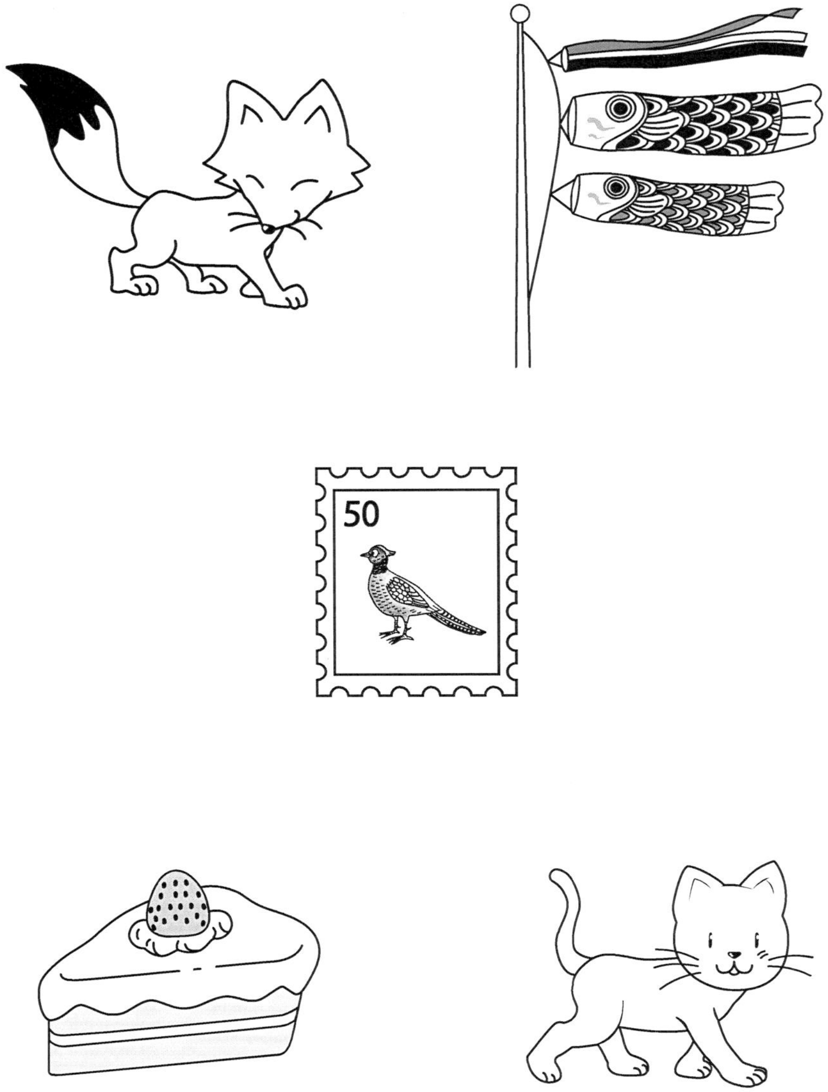

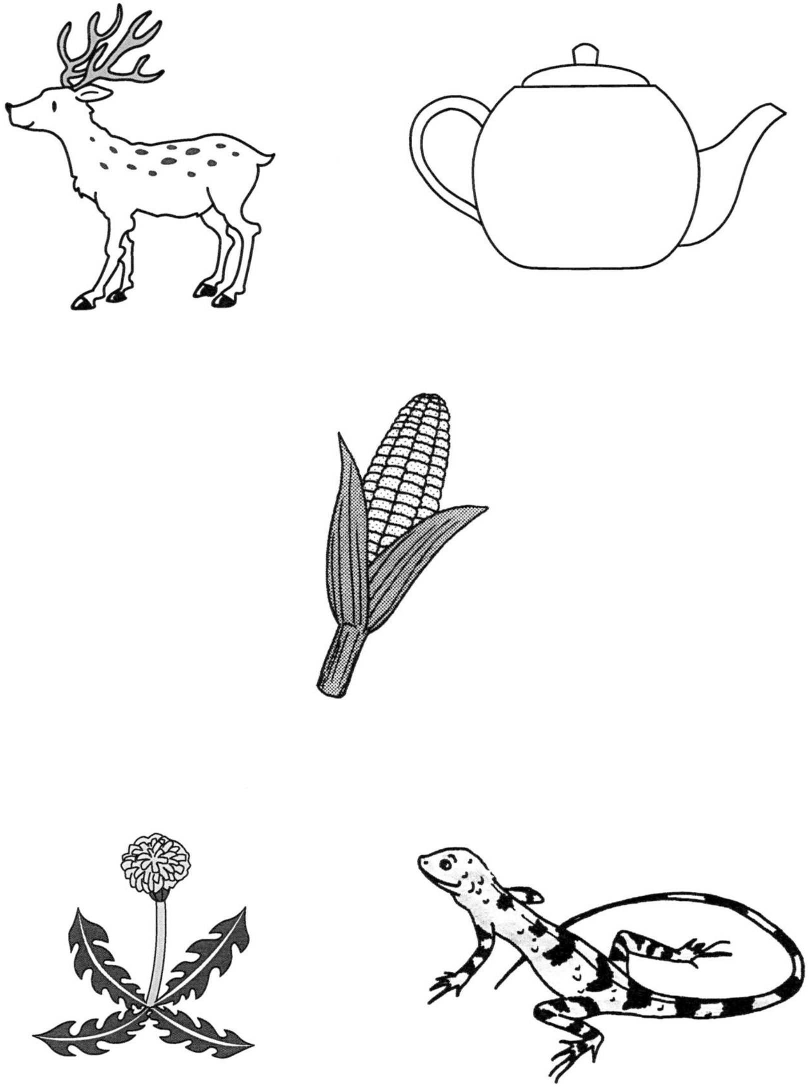

2021年度 東京農業大学稲花小学校 過去・対策 無断複製／転載を禁ずる 日本学習図書株式会社

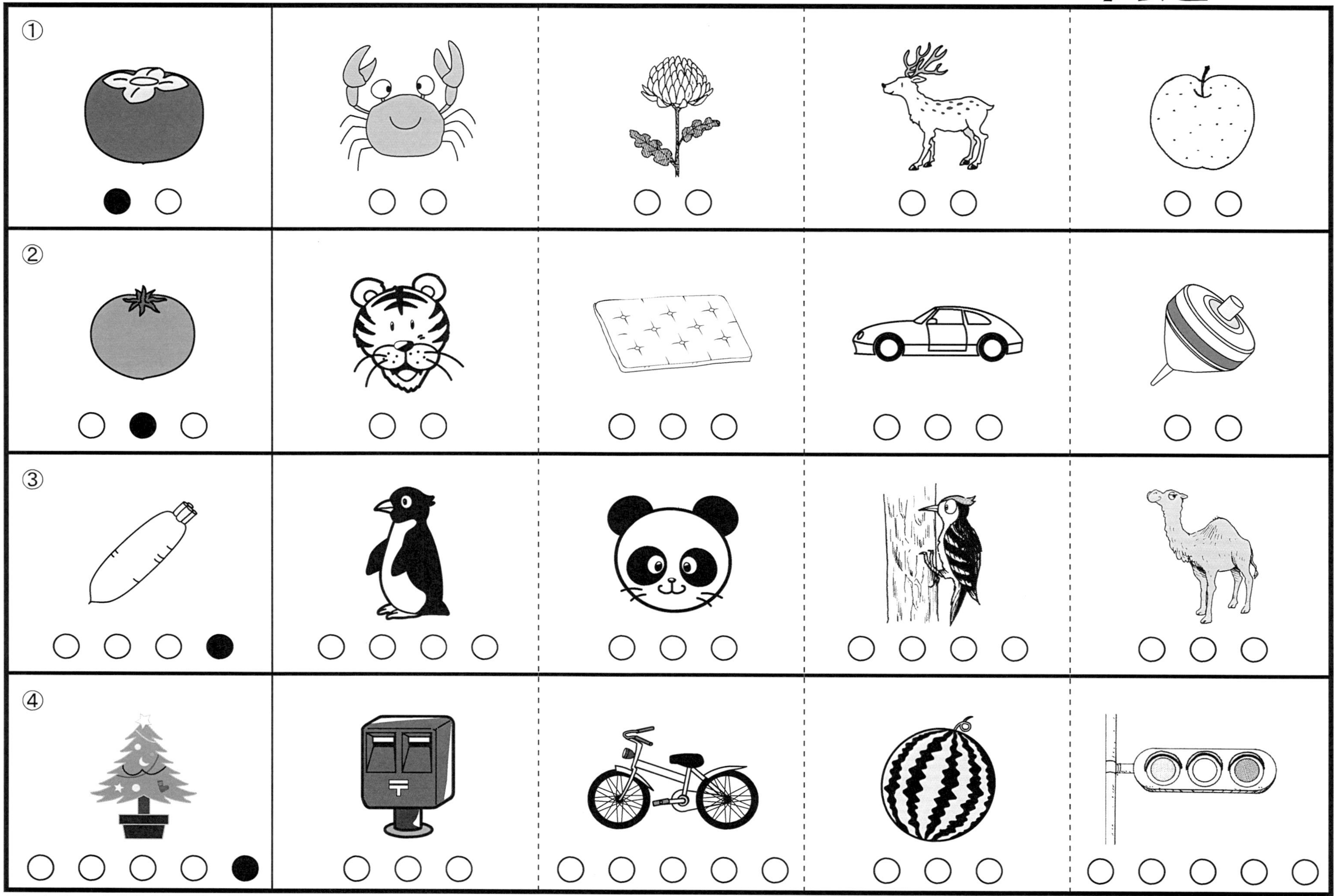

問題３８－１

①

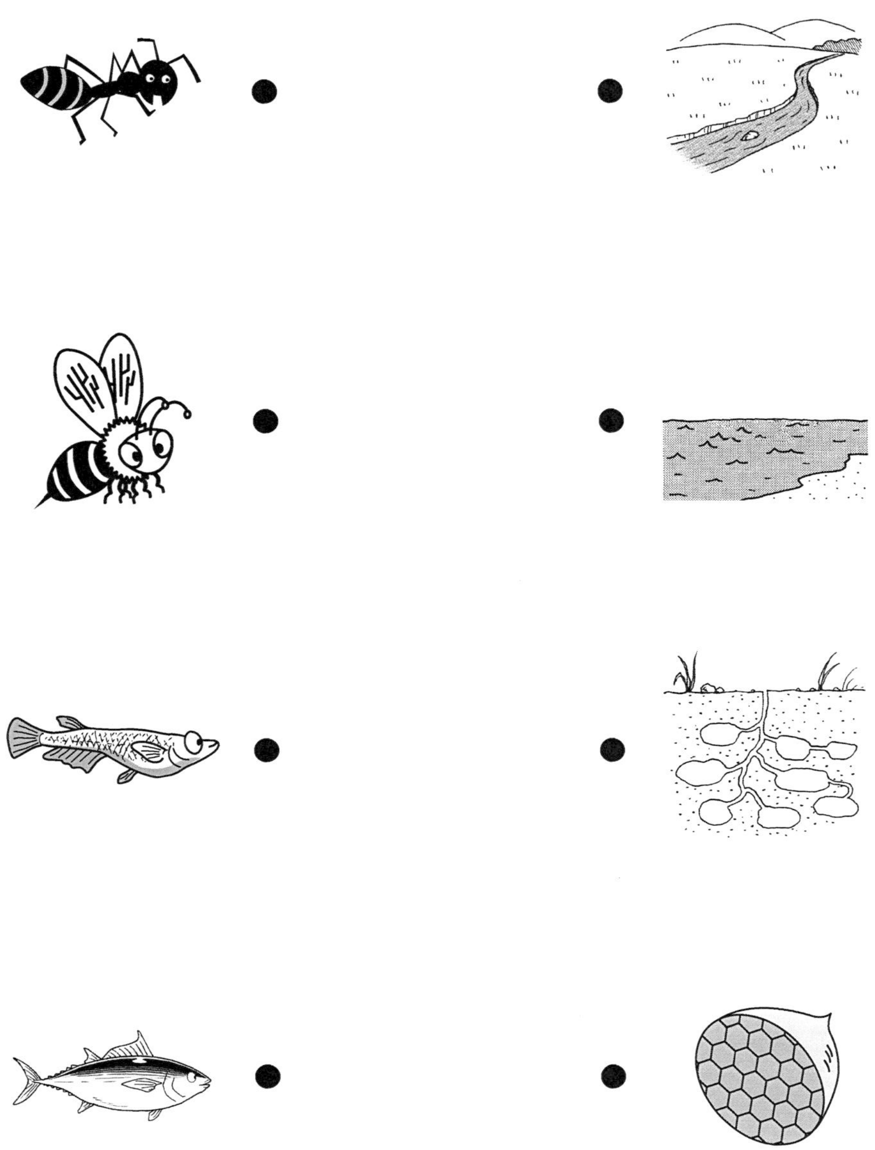

②

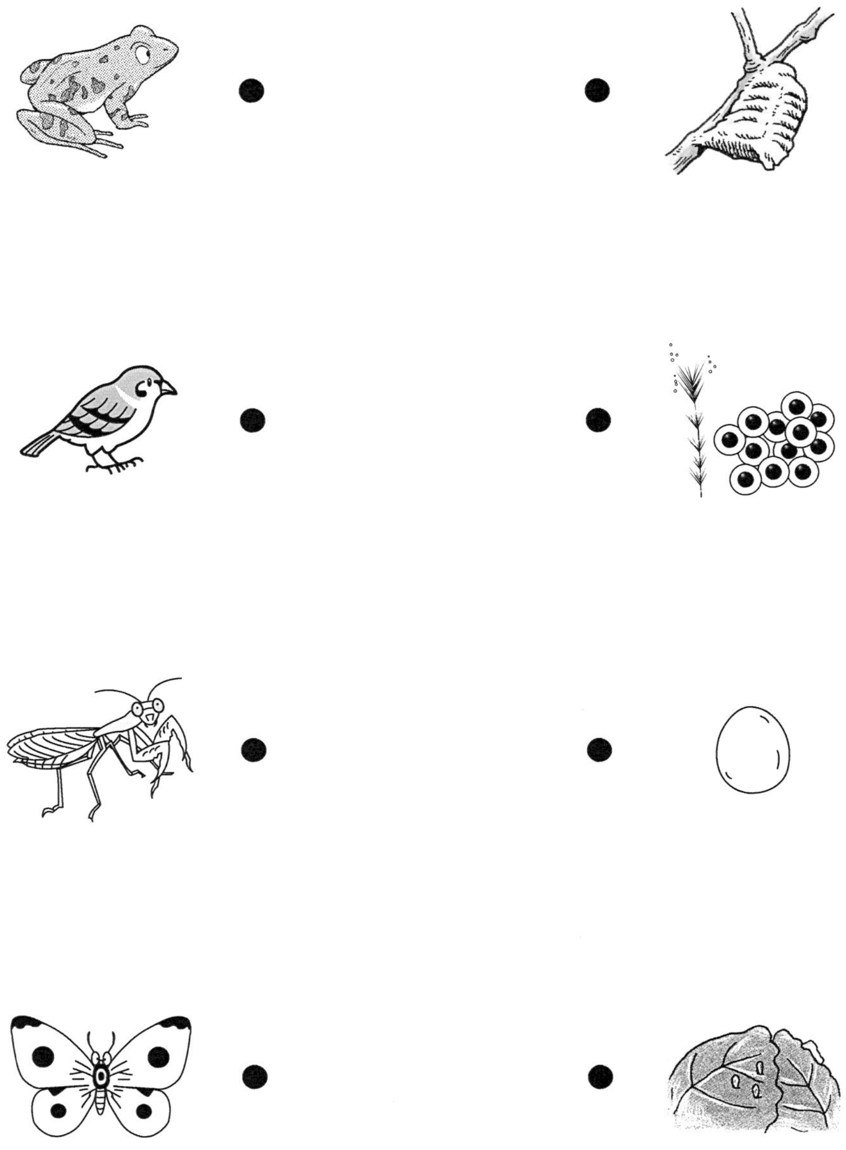

日本学習図書株式会社

問題３８－２

③

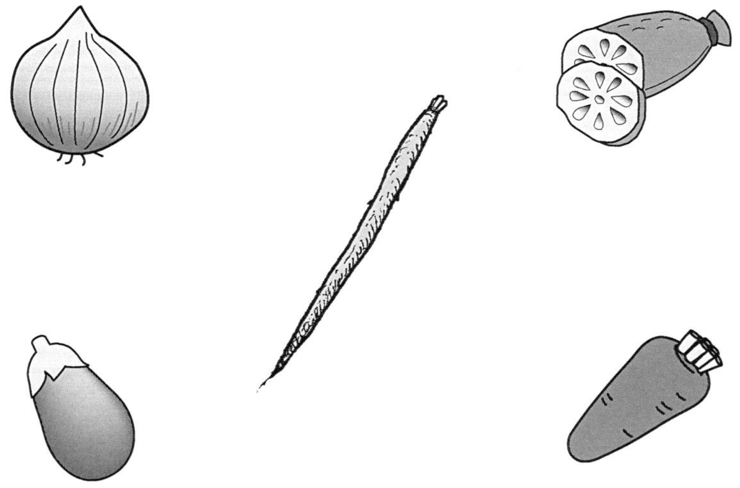

④

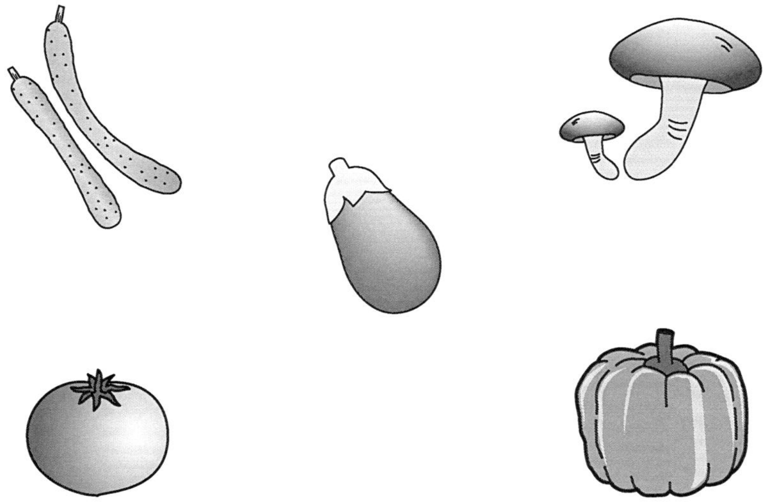

⑤

⑥

⑦

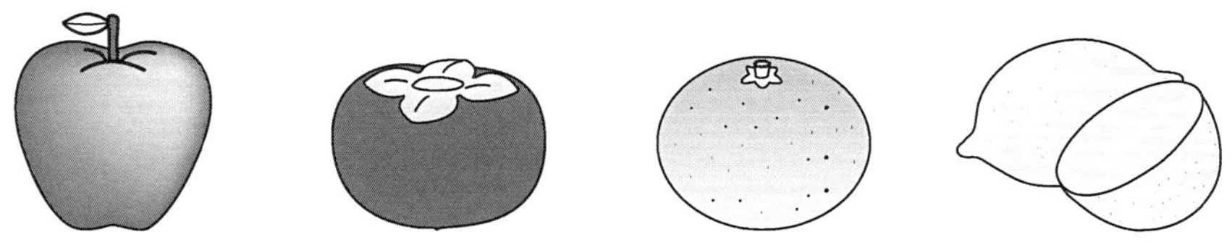

⑧

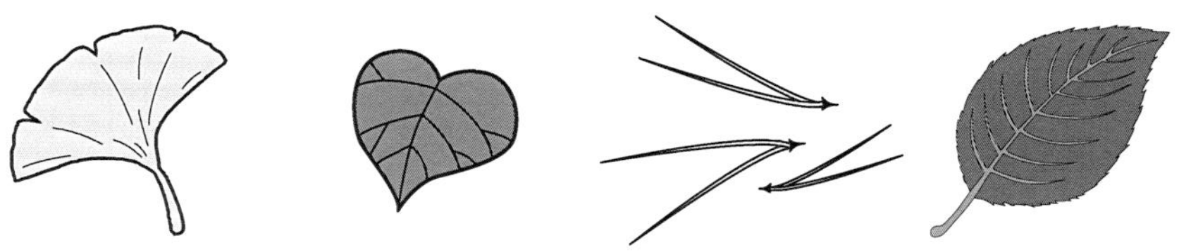

無断複製／転載を禁ずる

日本学習図書株式会社

問題３９

①

②

③

④

 無断複製／転載を禁ずる

日本学習図書株式会社

問題40

①

②

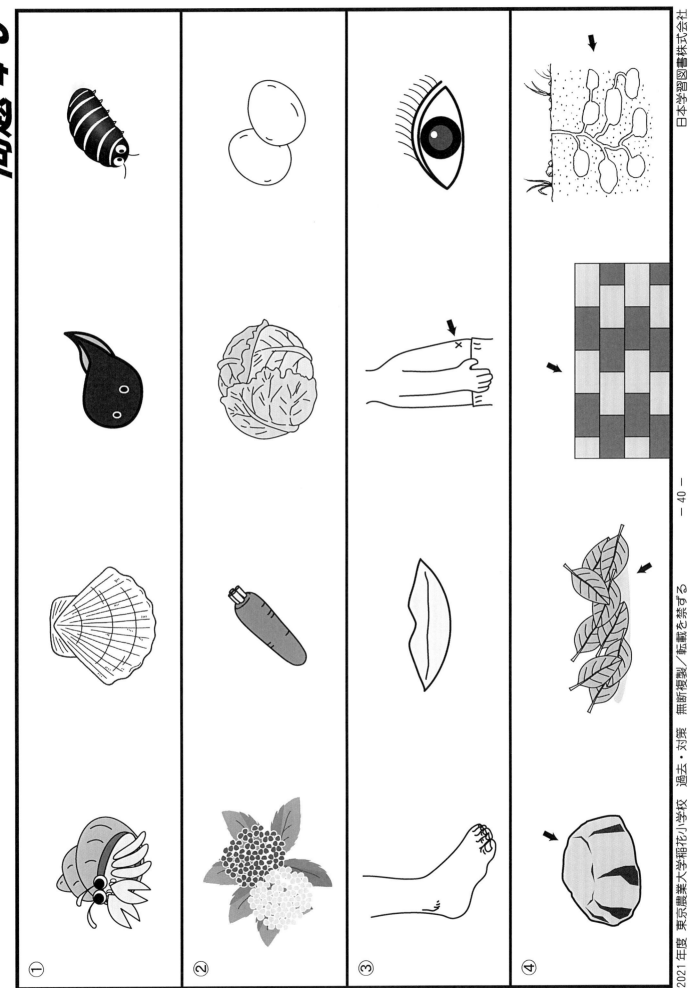

③

④

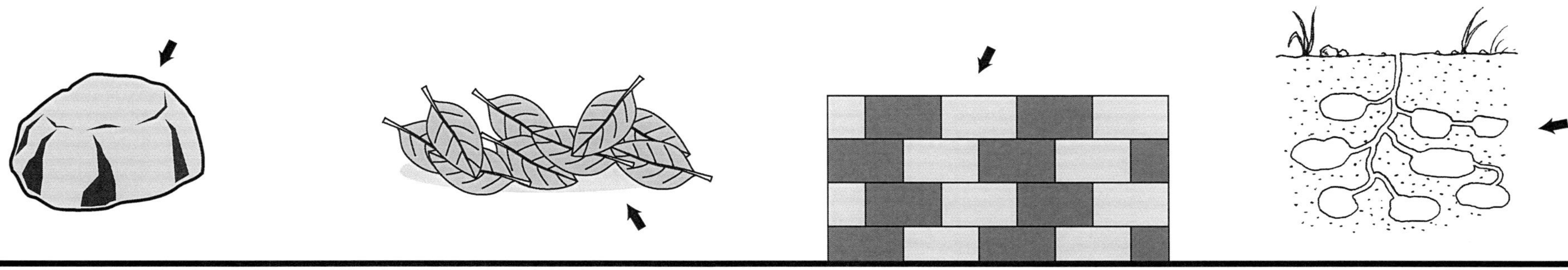

2021年度 東京農業大学稲花小学校　過去・対策　無断複製／転載を禁ずる　－ 40 －　日本学習図書株式会社

分野別 小学入試練習帳 ジュニアウォッチャー

1．点・線図形	小学校入試で出題頻度の高い『点・線図形』の模写を、難易度の低いものから段階別に幅広く練習することができるように構成。
2．座標	図形の位置模写という作業を、難易度の低いものから段階別に練習できるように構成。
3．パズル	様々なパズルの問題を難易度の低いものから段階別に練習できるように構成。
4．同図形探し	小学校入試で出題頻度の高い、同図形選びの問題を繰り返し練習できるように構成。
5．回転・展開	図形などを回転、または展開したとき、形がどのように変化するかを学習し、理解を深められるように構成。
6．系列	数、図形などの様々な系列問題を、難易度の低いものから段階別に練習できるように構成。
7．迷路	迷路の問題を繰り返し練習できるように構成。
8．対称	対称に関する問題を４つのテーマに分類し、各テーマごとに問題を段階別に練習できるように構成。
9．合成	図形の合成に関する問題を、難易度の低いものから段階別に練習できるように構成。
10．四方からの観察	もの（立体）を様々な角度から見て、どのように見えるかを推理する問題を段階別に整理し、１つの形式で複数の問題を練習できるように構成。
11．いろいろな仲間	ものや動物、植物の共通点を見つけ、分類していく問題を中心に構成。
12．日常生活	日常生活における様々な問題を６つのテーマに分類し、各テーマごとに一つの問題形式で複数の問題を練習できるように構成。
13．時間の流れ	『時間』に着目し、様々なものごとは、時間が経過するとどのように変化するのかということを学習し、理解できるように構成。
14．数える	様々なものを『数える』ことから、数の多少の判定やかけ算、わり算の基礎までを練習できるように構成。
15．比較	比較に関する問題を５つのテーマ（数、高さ、長さ、量、重さ）に分類し、各テーマごとに問題を段階別に練習できるように構成。
16．積み木	数える対象を積み木に限定した問題集。
17．言葉の音遊び	言葉の音に関する問題を５つのテーマに分類し、各テーマごとに問題を段階別に練習できるように構成。
18．いろいろな言葉	表現力をより豊かにするいろいろな言葉として、擬態語や擬声語、同音異義語、反意語、数詞を取り上げた問題集。
19．お話の記憶	お話を聴いてその内容を記憶、理解し、設問に答える形式の問題集。
20．見る記憶・聴く記憶	「見て憶える」「聴いて憶える」という『記憶』分野に特化した問題集。
21．お話作り	いくつかの絵を元にしてお話を作る練習をして、想像力を養うことができるように構成。
22．想像画	描かれてある形や景色に好きな絵を描くことにより、想像力を養うことができるように構成。
23．切る・貼る・塗る	小学校入試で出題頻度の高い、はさみやのりなどを用いた巧緻性の問題を繰り返し練習できるように構成。
24・絵画	小学校入試で出題頻度の高い、お絵かきやぬり絵などクレヨンやクーピーペンを用いた巧緻性の問題を繰り返し練習できるように構成。
25．生活巧緻性	小学校入試で出題頻度の高い日常生活の様々な場面における巧緻性の問題集。
26．文字・数字	ひらがなの清音、濁音、拗音、拗長音、促音と１～20までの数字に焦点を絞り、練習できるように構成。
27．理科	小学校入試で出題頻度が高くなりつつある理科の問題を集めた問題集。
28．運動	出題頻度の高い運動問題を種目別に分けて構成。
29．行動観察	項目ごとに問題提起をし、「このような時はどうか、あるいはどう対処するのか」の観点から問いかける形式の問題集。
30．生活習慣	学校から家庭に提起された問題と思って、一問一問絵を見ながら話し合い、考える形式の問題集。

31．推理思考	数、量、言語、常識（含理科、一般）など、諸々のジャンルから問題を構成し、近年の小学校入試問題傾向に沿って構成。
32．ブラックボックス	箱や筒の中を通ると、どのようなお約束でどのように変化するかを推理・思考する問題集。
33．シーソー	重さの違うものをシーソーに乗せた時どちらに傾くのか、またどうすればシーソーは釣り合うのかを思考する基礎的な問題集。
34．季節	様々な行事や植物などを季節別に分類できるように知識をつける問題集。
35．重ね図形	小学校入試で頻繁に出題されている「図形を重ね合わせてできる形」についての問題を集めました。
36．同数発見	様々な物を数え「同じ数」を発見し、数の多少の判断や数の認識の基礎を学べるように構成した問題集。
37．選んで数える	数の学習の基本となる、いろいろなものの数を正しく数える学習を行う問題集。
38．たし算・ひき算１	数字を使わず、たし算とひき算の基礎を身につけるための問題集。
39．たし算・ひき算２	数字を使わず、たし算とひき算の基礎を身につけるための問題集。
40．数を分ける	数を等しく分ける問題です。等しく分けたときに余りが出るものもあります。
41．数の構成	ある数がどのような数で構成されているか学んでいきます。
42．一対多の対応	一対一の対応から、一対多の対応まで、かけ算の考え方の基礎学習を行います。
43．数のやりとり	あげたり、もらったり、数の変化をしっかりと学びます。
44．見えない数	指定された条件から数を導き出します。
45．図形分割	図形の分割に関する問題集。パズルや合成の分野にも通じる様々な問題を集めました。
46．回転図形	「回転図形」に関する問題集。やさしい問題から始め、いくつかの代表的なパターンから、段階を踏んで学習できるよう編集されています。
47．座標の移動	「マス目の指示通りに移動する問題」と「指示された数だけ移動する問題」を収録。
48．鏡図形	鏡で左右反転させた時の見え方を考えます。平面図形から立体図形、文字、絵まで。
49．しりとり	すべての学習の基礎となる「言葉」を学ぶこと、特に「語彙」を増やすことに重点をおき、さまざまなタイプの「しりとり」問題を集めました。
50．観覧車	観覧車やメリーゴーラウンドなどを舞台にした「回転系列」の問題集。「推理思考」分野の問題ですが、要素として「図形」や「数量」も含みます。
51．運筆①	鉛筆の持ち方を学び、点線なぞり、お手本を見ながらの模写で、線を引く練習をします。
52．運筆②	運筆①からさらに発展し、「欠所補完」や「迷路」などを楽しみながら、より複雑な鉛筆運びを習得することを目指します。
53．四方からの観察 積み木編	積み木を使用した「四方からの観察」に関する問題を練習できるように構成。
54．図形の構成	見本の図形がどのような部分によって形づくられているかを考えます。
55．理科②	理科的知識に関する問題を集中して練習する「常識」分野の問題集。
56．マナーとルール	道路や駅、公共の場でのマナー、安全や衛生に関する常識を学べるように構成。
57．置き換え	さまざまな具体的・抽象的事象を記号で表す「置き換え」の問題を扱います。
58．比較②	長さ・高さ・体積・数などを数学的な知識を使わず、論理的に推測する「比較」の問題を練習できるように構成。
59．欠所補完	線と線のつながり、欠けた絵に当てはまるものなどを求める「欠所補完」に取り組める問題集です。
60．言葉の音（おん）	しりとり、決まった順番の音をつなげるなど、「言葉の音」に関する問題に取り組める練習問題集です。

◆◆ニチガクのおすすめ問題集◆◆

より充実した家庭学習を目指し、ニチガクではさまざまな問題集をとりそろえております!!

ジュニアウォッチャー（既刊60巻）

①〜⑥⓪（以下続刊）
本体各￥1,500＋税

入試出題頻度の高い9分野を、さらに60の項目に細分化した問題集が出来ました。
苦手分野におけるつまずきを効率よく克服するための60冊となっており、小学校受験における基礎学習にぴったりの問題集です。ポイントが絞られているため、無駄なく学習を進められる、まさに小学校受験問題集の入門編です。

国立・私立NEWウォッチャーズ

言語／理科／図形／記憶
常識／数量／推理
各2巻・全14巻
本体各￥2,000＋税

シリーズ累計発行部数40万部以上を誇る大ベストセラー「ウォッチャーズシリーズ」の趣旨を引き継ぐ新シリーズができました！
こちらは国立・私立それぞれの出題傾向に合わせた分野別問題集です。全問「解答のポイント」「ミシン目」付き、切り離し可能なプリント学習タイプで家庭学習におすすめです！

まいにちウォッチャーズ（全16巻）

導入編／練習編
実践編／応用編　各4巻
本体各￥2,000＋税

シリーズ累計発行部数40万部以上を誇る大ベストセラー「ウォッチャーズシリーズ」の趣旨を引き継ぐ新シリーズができました！
こちらは、お子さまの学習進度に合わせ、全分野を網羅できる総合問題集です。全問「解答のポイント」「ミシン目」付き、切り離し可能なプリント学習タイプで家庭学習におすすめです！

実践 ゆびさきトレーニング①・②・③

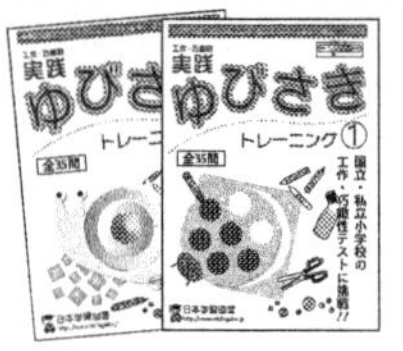

①・②・③　全3巻
本体　各￥2,500＋税

制作問題に特化した問題集ができました。
有名校が実際に出題した問題を分析し、類題を各35問ずつ掲載しています。様々な道具の扱い方（はさみ・のり・セロハンテープの使い方）から、手先・指先の訓練（ちぎる・貼る・塗る・切る・結ぶ）、表現することの楽しさも学習することができる問題集です。

お話の記憶問題集

初級編
本体￥2,600＋税
中級編／上級編
本体￥2,000＋税

「お話の記憶」分野の問題集ができました。
あらゆる学習に不可欠な、語彙力・集中力・記憶力・理解力・想像力を養うと言われているのが「お話の記憶」という分野です。難易度別に収録されていますので、まずは初級編、慣れてきたら中級編・上級編と学習を進められます。

分野別 苦手克服シリーズ（全6巻）

図形／数量／言語
常識／記憶／推理
本体各￥2,000＋税

お子さまの苦手を克服する問題集ができました。
アンケートに基づき、多くのお子さまが苦手とする数量・図形・言語・常識・記憶の6分野を、それぞれ問題集にまとめました。全問アドバイス付きですので、ご家庭において、そのつまづきを解消するためのプロセスも理解できます。

運動テスト・ノンペーパーテスト問題集

新 運動テスト問題集
本体￥2,200＋税

新 ノンペーパーテスト問題集
本体￥2,600＋税

ノンペーパーテストは国立・私立小学校で幅広く出題される、筆記用具を使用しない分野の問題を全40問掲載しています。
運動テスト問題集は運動分野に特化した問題集です。指示の理解や、ルールを守る訓練など、ポイントを押さえた学習に最適。全35問掲載。

口頭試問・面接テスト問題集

新 口頭試問・個別テスト問題集
本体￥2,500＋税

面接テスト問題集
本体￥2,000＋税

口頭試問は主に個別テストとして口頭で出題解答を行うテスト形式、面接は主に「考え」やふだんの「あり方」をたずねられるものです。
口頭で答える点は同じですが、内容は大きく異なります。想定する質問内容や答え方の幅を広げるために、どちらも手にとっていただきたい問題集です。

小学校受験 厳選難問集　①・②

①・②・③　全3巻
本体各￥2,600＋税

実際に出題された入試問題の中から、難易度の高い問題をピックアップし、アレンジした問題集です。応用問題への挑戦は、基礎の理解度を測るだけでなく、お子さまの達成感・知的好奇心を触発します。
①は数量・図形・推理・言語、②は位置・常識・比較・記憶分野を掲載しています。各40問。

国立小学校　入試問題総集編

A・B・C（全3巻）
本体各￥3,282＋税

国立小学校頻出の問題を厳選して収録した問題集です。細かな指導方法やアドバイスが掲載してあり、効率的な学習が進められます。
難易度別の収録となっており、お子さまの学習進度に合わせて利用できます。付録のレーダーチャートにより得意・不得意を認識でき、国立小学校受験対策に最適な総合問題集です。

おうちでチャレンジ　①・②

①・②　全2巻
本体　各￥1,800＋税

関西最大級の模擬試験『小学校受験標準テスト』ペーパー問題を編集した、実力養成に最適な問題集です。延べ受験者数10,000人以上のデータを分析し、お子さまの習熟度・到達度を一目で判別できるようになっています。
保護者必読の特別アドバイス収録！学習習熟度を測るためにも、定期的に活用したい一冊です。

Q＆Aシリーズ

『小学校受験で知っておくべき125のこと』
『新 小学校受験の入試面接Q＆A』
『新 小学校受験 願書・アンケート文例集500』

本体各￥2,600＋税

「知りたい！」「聞きたい！」
「こんな時どうすれば…？」
そんな疑問や悩みにお答えする、当社で人気の保護者向け書籍です。受験を考え始めた保護者の方や、実際に入試の出願・面接などを控えている直前の保護者の方など、さまざまな場面で参考にしていただける書籍となっています。

書籍についてのご注文・お問い合わせ
☎ 03-5261-8951

http://www.nichigaku.jp
※ご注文方法、書籍についての詳細は、Webサイトをご覧ください。

日本学習図書　検索

『読み聞かせ』×『質問』＝『聞く力』

お話の記憶の練習に最適

1話5分の 読み聞かせお話集①②

「アラビアン・ナイト」「アンデルセン童話」「イソップ寓話」「グリム童話」、日本や各国の民話、昔話、偉人伝の中から、教育的な物語や、過去に小学校入試でも出題された有名なお話を中心に掲載。お話ごとに、内容に関連したお子さまへの質問も掲載しています。「読み聞かせ」を通して、お子さまの『聞く力』を伸ばすことを目指します。

①巻・②巻　各48話

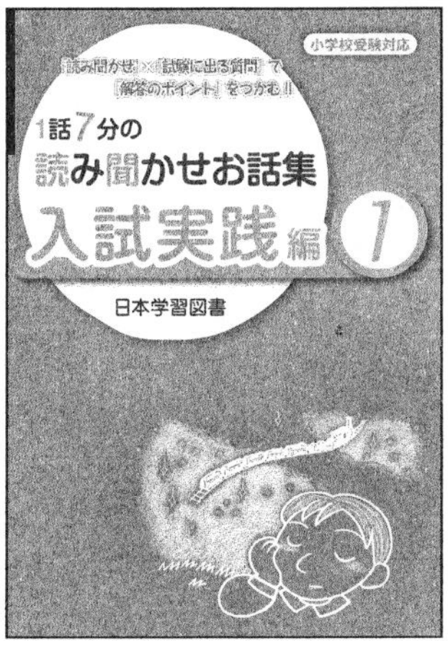

1話7分の読み聞かせお話集 入試実践編①

国立・私立小学校受験対応

最長1,700文字の長文のお話を掲載。有名でない＝「聞いたことのない」お話を聞くことで、『集中力』のアップを目指します。設問も、実際の試験を意識した設問としています。ペーパーテスト実施校の多くが「お話の記憶」の問題を出題します。毎日の「読み聞かせ」と「試験に出る質問」で、「解答のポイント」をつかんで臨みましょう！

50話収録

ニチガクの この5冊で受験準備も万全！

小学校受験入門 願書の書き方から面接まで リニューアル版

主要私立・国立小学校の願書・面接内容を中心に、学校選びや入試の分野傾向、服装コーディネート、持ち物リストなども網羅し、受験準備全体をサポートします。

小学校受験で 知っておくべき 125のこと

小学校受験の基本から怪しい「ウワサ」まで、保護者の方々からの 125 の質問にていねいに解答。目からウロコのお受験本。

新　小学校受験の 入試面接Q＆A リニューアル版

過去十数年に遡り、面接での質問内容を網羅。小学校別、父親・母親・志願者別、さらに学校のこと・志望動機・お子さまについてなど分野ごとに模範解答例やアドバイスを掲載。

新　願書・アンケート 文例集 500 リニューアル版

有名私立小、難関国立小の願書やアンケートに記入するための適切な文例を、質問の項目別に収録。合格を掴むためのヒントが満載！願書を書く前に、ぜひ一度お読みください。

小学校受験に関する 保護者の悩みQ＆A

保護者の方約 1,000 人に、学習・生活・躾に関する悩みや問題を取材。その中から厳選した 200 例以上の悩みに、「ふだんの生活」と「入試直前」のアドバイス２本立てで悩みを解決。

日本学習図書株式会社

図書カード 1000 円分プレゼント

ご記入日　　年　月　日

☆国・私立小学校受験アンケート☆

※可能な範囲でご記入下さい。選択肢は○で囲んで下さい。

〈小学校名〉＿＿＿＿＿＿＿＿＿＿　〈お子さまの性別〉男・女　〈誕生月〉＿＿月

〈その他の受験校〉（複数回答可）＿＿＿＿＿＿＿＿＿＿＿＿＿＿＿＿

〈受験日〉①：＿＿月＿＿日〈時間〉＿＿時＿＿分　～　＿＿時＿＿分

②：＿＿月＿＿日〈時間〉＿＿時＿＿分　～　＿＿時＿＿分

〈受験者数〉男女計＿＿名（男子＿＿名　女子＿＿名）

〈お子さまの服装〉＿＿＿＿＿＿＿＿＿＿＿＿＿＿＿＿

〈入試全体の流れ〉（記入例）準備体操→行動観察→ペーパーテスト

＿＿＿＿＿＿＿＿＿＿＿＿＿＿＿＿＿＿＿＿＿＿＿＿＿＿

Eメールによる情報提供

日本学習図書では、Eメールでも入試情報を募集しております。

下記のアドレスに、アンケートの内容をご入力の上、メールをお送り下さい。

ojuken@nichigaku.jp

●行動観察　（例）好きなおもちゃで遊ぶ・グループで協力するゲームなど

〈実施日〉＿＿月＿＿日〈時間〉＿＿時＿＿分　～　＿＿時＿＿分〈着替え〉□有　□無

〈出題方法〉□肉声　□録音　□その他（　　　　　）〈お手本〉□有　□無

〈試験形態〉□個別　□集団（　　　人程度）

〈会場図〉

〈内容〉

□自由遊び

＿＿＿＿＿＿＿＿＿＿＿＿＿＿＿＿＿＿＿＿

□グループ活動

＿＿＿＿＿＿＿＿＿＿＿＿＿＿＿＿＿＿＿＿

□その他

＿＿＿＿＿＿＿＿＿＿＿＿＿＿＿＿＿＿＿＿

●運動テスト（有・無）　（例）跳び箱・チームでの競争など

〈実施日〉＿＿月＿＿日〈時間〉＿＿時＿＿分　～　＿＿時＿＿分〈着替え〉□有　□無

〈出題方法〉□肉声　□録音　□その他（　　　　　）〈お手本〉□有　□無

〈試験形態〉□個別　□集団（　　　人程度）

〈会場図〉

〈内容〉

□サーキット運動

□走り　□跳び箱　□平均台　□ゴム跳び

□マット運動　□ボール運動　□なわ跳び

□クマ歩き

□グループ活動＿＿＿＿＿＿＿＿＿＿＿＿＿＿＿＿

□その他＿＿＿＿＿＿＿＿＿＿＿＿＿＿＿＿＿＿

●知能テスト・口頭試問

〈実施日〉＿＿月＿＿日〈時間〉＿＿時＿＿分 ～ ＿＿時＿＿分〈お手本〉□有 □無

〈出題方法〉 □肉声 □録音 □その他（　　　　　）〈問題数〉＿＿枚 ＿＿問

分野	方法	内容	詳細・イラスト
（例） お話の記憶	☑筆記 □口頭	動物たちが待ち合わせをする話	（あらすじ） 動物たちが待ち合わせをした。最初にウサギさんが来た。次にイヌくんが、その次にネコさんが来た。最後にタヌキくんが来た。 （問題・イラスト） ３番目に来た動物は誰か 
お話の記憶	□筆記 □口頭		（あらすじ） （問題・イラスト）
図形	□筆記 □口頭		
言語	□筆記 □口頭		
常識	□筆記 □口頭		
数量	□筆記 □口頭		
推理	□筆記 □口頭		
その他	□筆記 □口頭		

日本学習図書株式会社

●制作　（例）ぬり絵・お絵かき・工作遊びなど

〈実施日〉　月　日 〈時間〉　時　分　～　時　分

〈出題方法〉 □肉声 □録音 □その他（　　　　） 〈お手本〉 □有 □無

〈試験形態〉 □個別 □集団（　　人程度）

材料・道具	制作内容
□ハサミ	□切る □貼る □塗る □ちぎる □結ぶ □描く □その他（　　　）
□のり（□つぼ □液体 □スティック）	タイトル：＿＿＿＿＿＿＿＿＿＿
□セロハンテープ	
□鉛筆 □クレヨン（　色）	
□クーピーペン（　色）	
□サインペン（　色） □	
□画用紙（□ A4 □ B4 □ A3	
□その他：　　　）	
□折り紙 □新聞紙 □粘土	
□その他（　　　）	

●面接

〈実施日〉　月　日 〈時間〉　時　分　～　時　分 〈面接担当者〉　名

〈試験形態〉 □志願者のみ（　）名 □保護者のみ □親子同時 □親子別々

〈質問内容〉

※試験会場の様子をご記入下さい。

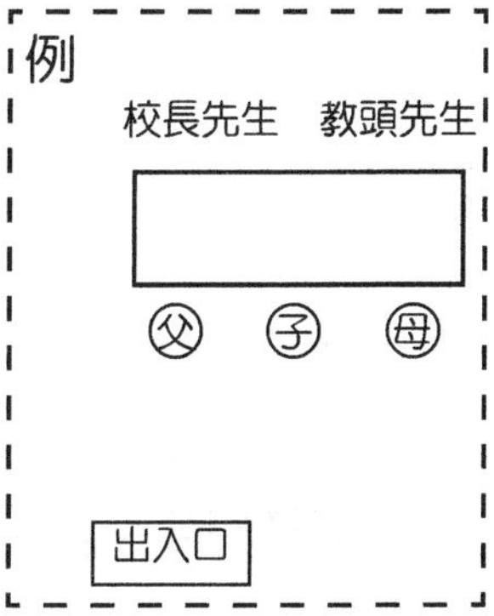

□志望動機　□お子さまの様子

□家庭の教育方針

□志望校についての知識・理解

□その他（　　　　）

（ 詳　細 ）

・

・

・

・

●保護者作文・アンケートの提出（有・無）

〈提出日〉 □面接直前 □出願時 □志願者考査中 □その他（　　　）

〈下書き〉 □有 □無

〈アンケート内容〉

（記入例）当校を志望した理由はなんですか（150 字）

●説明会（□有　□無）〈開催日〉　　月　　日〈時間〉　　時　　分　～　　時　　分

〈上履き〉　□要　□不要　〈願書配布〉　□有　□無　〈校舎見学〉　□有　□無

〈ご感想〉

●参加された学校行事（複数回答可）

公開授業〈開催日〉　　月　　日〈時間〉　　時　　分　～　　時　　分

運動会など〈開催日〉　　月　　日〈時間〉　　時　　分　～　　時　　分

学習発表会・音楽会など〈開催日〉　　月　　日〈時間〉　　時　　分　～　　時　　分

〈ご感想〉

※是非参加したほうがよいと感じた行事について

●受験を終えてのご感想、今後受験される方へのアドバイス

※対策学習（重点的に学習しておいた方がよい分野）、当日準備しておいたほうがよい物など

＊＊＊＊＊＊＊＊＊＊＊＊　ご記入ありがとうございました　＊＊＊＊＊＊＊＊＊＊＊＊

必要事項をご記入の上、ポストにご投函ください。

なお、本アンケートの送付期限は入試終了後３ヶ月とさせていただきます。また、入試に関する情報の記入量が当社の基準に満たない場合、謝礼の送付ができないことがございます。あらかじめご了承ください。

ご住所：〒

お名前：　　　　　　　　　　メール：

ＴＥＬ：　　　　　　　　　　ＦＡＸ：

アンケートのご記入
ありがとうございました

ご記入頂いた個人に関する情報は、当社にて厳重に管理致します。弊社の個人情報取り扱いに関する詳細は、www.nichigaku.jp/policy.php の「個人情報の取り扱い」をご覧下さい。